Inhaltsverzeichnis

Vorbemerkungen

Liebe Kollegin, lieber Kollege,

auf dem Weg zum offenen Unterricht nehmen Lernwerkstätten an Bedeutung zu.
In dieser fächerübergreifend angelegten Lernwerkstatt haben die Kinder die Möglichkeit selbstbestimmt und eigenverantwortlich zu handeln und zu lernen. Jedes Kind kann angepasst an seinem eigenen Lerntempo und seinen individuellen Fähigkeiten arbeiten. Dabei wird die Selbstständigkeit, die Selbstverantwortung und das Vertrauen in die eigenen Fähigkeiten gefördert.
Die Sozialformen wechseln in den verschiedenen Lernangeboten, so dass Partner- und Gruppenarbeit zur Gemeinschaftsbildung beitragen. Sie kann durch gemeinsame Gespräche am Ende jeder Lernwerkstattarbeit unterstützt und gefestigt werden.

Die Lernwerkstatt „Weihnachten in anderen Ländern" ist für ein 3. Schuljahr konzipiert, kann aber je nach Lernvoraussetzungen der Lerngruppe ebenso in einer 2. oder 4. Klasse eingesetzt werden. Die Lernaufgaben sind sehr knapp verfasst um das sinnerfassende Lesen zu vereinfachen.
Die Lernwerkstatt ist bei einer täglichen Unterrichtszeit von 1 - 2 Schulstunden für einen Zeitrahmen von circa 3 Wochen ausgelegt und kann in einer gemeinsamen Adventsfeier münden.
Aus den Lernaufgaben ergeben sich die wesentlichen Elemente einer gemeinsamen Feier (Aufführungen der Kinder, Dekorationen, Backwaren).

Ich wünsche Ihnen eine ruhige und gemütliche Vorweihnachtszeit!

Anja Gröting

Merkmale der Organisation

Anordnung der Materialien

Für jede Lernaufgabe sollte ein Ablagekasten zur Verfügung stehen (das kann ein Karton aus dem Supermarkt sein), in dem das Aufgabenblatt und das Arbeitsblatt bzw. die benötigten Materialien liegen.

Diese Ablagekästen werden in der Reihenfolge der Lernaufgaben im Klassenraum ausgelegt (z. B.: Fensterbank, Regal, Bank aus der Turnhalle).

Übersicht über die Lernaufgaben

Jedes Kind kann einen Werkstattplan bekommen, in den es seine bearbeiteten Aufgaben einträgt (Kopiervorlage S. 8). Eine andere Möglichkeit ist, die Kopiervorlage von Seite 9 auf ein Plakat zu übertragen und in der Klasse aufzuhängen. Die Kinder markieren bearbeitete Aufgaben durch ein Kreuz, wodurch Sie jederzeit einen Einblick in das Arbeitspensum jedes Kindes haben.

Pflichtaufgaben

Bestimmte Aufgaben können zur „Pflichtaufgabe" ernannt werden. Alle Kinder müssen diese Lernaufgabe(n) bearbeiten (z. B. die Lernaufgabe 1). Die Verteilung von Pflichtaufgaben kann sichern, dass die Kinder nicht ausschließlich Lernaufgaben auswählen, die sich auf einfache Art lösen lassen.

Regeln der Lernwerkstatt

Neben allgemeinen Verhaltensregeln sollten weitere Regeln für die Arbeit in der Lernwerkstatt aufgestellt werden.

Täglich nach der Lernwerkstattarbeit kann in einem gemeinsamen Gespräch geklärt werden, wie die Arbeit optimiert werden kann. Dadurch lassen sich die Regeln mit den Kindern gemeinsam erarbeiten (z. B.: Ich räume auf. Ich beende angefangene Arbeiten. Der „Chef" gibt Tipps zur Weiterarbeit - keine Lösungen.).

Zusätzlich kann ein Signal vereinbart werden um das Ende der Lernwerkstattarbeit anzukündigen (z. B.: Klingelton, Musik); die Kinder räumen auf und kommen im Stuhlkreis zum Abschlussgespräch zusammen.

Helferprinzip

In der Lernwerkstatt gibt es für jede Lernaufgabe ein Kind, das Ansprechpartner ist. Anfangs ist es angebracht, festzulegen, welches Kind „Chef" einer Lernaufgabe ist. Jedes Kind sollte eine „Chefaufgabe" bekommen, die seinem individuellen Leistungsstand entspricht, damit es bei der Beratung der KlassenkameradInnen nicht überfordert ist. Die Verteilung der „Chefaufgaben" kann auch berücksichtigen, wie Kinder in der Klassengemeinschaft integriert sind. Einzelgängern könnten Sie beispielsweise eine Lernaufgabe zuteilen, die den Kontakt mit anderen Kindern herausfordert.

Damit jedes Kind während der Lernwerkstattarbeit sofort weiß, wer der jeweilige Ansprechpartner der Lernaufgabe ist, kann an jedem Ablagekasten der Name des „Chefs" stehen (z. B. Wäscheklammer mit Namensschild des Kindes).

Es ist möglich, einer Lernaufgabe mehrere „Chefs" zuzuteilen, so dass die Kinder in ihrer Helferposition nicht überfordert werden.
Jeder „Chef" sollte ungestörte Zeiten haben um in der Lernwerkstatt arbeiten zu können. Es bietet sich die Möglichkeit, „Bitte nicht stören!"-Schilder aufzustellen. Die Kinder können dann auf dem großen Werkstattplan gucken, wer die Lernaufgabe ebenfalls schon bearbeitet hat und dieses Kind um Hilfe bitten.

Rituale

Das individualisierte Lernen sollte durch gemeinsame Tätigkeiten ergänzt werden! Dazu können Einstieg und Abschluss der Lernwerkstattarbeit einem bestimmten Ritual folgen. Beispielsweise kann zu Beginn eine („Weihnachts"-) Geschichte vorgelesen werden oder es werden Lieder aus den angesprochenen Ländern gesungen.
Eine andere Möglichkeit ist, einen landestypischen Gegenstand von einem Kind mitbringen und vorstellen zu lassen. Die unterschiedlichen Gegenstände können in einer Ausstellung gesammelt werden.
Am Ende jeder Lernwerkstattarbeit sollte ein Gesprächskreis stattfinden, in dem Probleme besprochen, die Kinder sich über Lernaufgaben austauschen, Ergebnisse diskutiert und präsentiert werden können.
Thematischer Schwerpunkt der gemeinsamen Gespräche wird die Reflexion des Gelernten (Unterschiede und Gemeinsamkeiten der Festbräuche).

Präsentation

Die Lernwerkstattarbeit kann mit einer Adventsfeier mit den Eltern enden. Die Arbeit der Kinder erhält somit einen direkten Sinn und wird angemessen gewürdigt.
Aus den Lernaufgaben ergeben sich Präsentationsstücke, die zugleich als Schmuck für die Adventsfeier genutzt werden können (Baumschmuck, Girlanden, Befana, Tiermasken, Lichter ...). Die Kinder formulieren Fragen, die in Rollen gepackt als Tischschmuck dienen können und die Eltern auffordern eigenes Wissen zu überprüfen (Lernaufgaben 12 und 14). Es ergeben sich kleine Aufführungen (Lernaufgaben 7, 8 und 10) und die Rezepte können in Zusammenarbeit mit den Eltern umgesetzt werden und dem leiblichen Wohl auf der Feier dienen (Lernaufgaben 2, 3, 4, 5 und 6). Aus der Lernwerkstattarbeit resultiert somit die Gestaltung der Adventsfeier.
Zudem kann jedes Kind eine eigene Mappe anlegen, in der es die fertigen Arbeiten sammelt. Während der Arbeit in der Lernwerkstatt sollten die Kinder die Gelegenheit haben ihre Präsentationsstücke auf einem Ausstellungstisch zu sammeln.

Anmerkungen zu den Lernaufgaben

In den Lernaufgaben 2 - 6 schreiben die Kinder landestypische Rezepte. Diese sollten natürlich auch umgesetzt werden. Dazu können vor der Adventsfeier „Backtage" stattfinden, an denen mit Hilfe der Eltern gebacken wird.
Die Backwaren sind einige Tage haltbar, so dass nicht alle an einem Tag gebacken werden müssen.

Für die ausländischen Kinder ist es wichtig, typische Elemente ,ihres' Landes in die Lernwerkstatt und Adventsfeier einfließen zu lassen. Der Tanz aus Lernaufgabe 7 ist aus Ostanatolien und typisch für Feste in der Türkei. Er passt gut zur Adventsfeier, da er gewöhnlich mit Kerzen getanzt wird.
Weitere wesentliche Elemente aus der türkischen Kultur sind das Schattentheater (Karagöz) und Nasreddin Hodscha.
Während im türkischen Schattentheater Karagöz und Hacivat die Hauptfiguren sind, habe ich für das Schattentheater aus Lernaufgabe 10 Nasreddin Hodscha als Hauptfigur einbezogen, um so zwei wichtige Elemente aus der Türkei zu verbinden. Diese ,künstliche' Verbindung sollte mit den Kindern besprochen werden.

Vorbereitung der Lernwerkstatt

In den Lernaufgaben werden schwerpunktmäßig jene Bräuche und deren Hintergründe erarbeitet, die ich von der Mehrheit der Eltern erfahren habe und die sich vom deutschen Brauchtum unterscheiden.
Es ist davon auszugehen, dass einige Bräuche von den Erfahrungen der Kinder abweichen, da Legenden je nach Region und Religion unterschiedlich überliefert werden.
Daher empfiehlt es sich, den vorbereiteten Fragebogen von den Kindern als Hausaufgabe in Zusammenarbeit mit den Eltern ausfüllen zu lassen. Dabei „lernen" die Kinder einige Begriffe in der Landessprache - diese sollten als Aspekt von Begegnung mit Sprachen in den Unterricht Eingang finden.

Benötigte Materialien für die Lernaufgaben

Im Klassenraum kann ein zentraler Ort als „Sammelstelle" angelegt werden.
Dort sollten folgende Materialien (zum Teil von den Kindern mitgebracht) bereitliegen:
- Schmuckblätter, zum Teil liniert (s. Kopiervorlage Seite 58)
- Tonpapierreste, Geschenkpapierreste, Wollreste, Geschenkband
- leere Toilettenpapierrollen (für Lernaufgabe 19)

Folgende aufgeführten Materialien sollten dem jeweiligen Ablagekasten der Lernaufgabe zugeordnet werden:

Lernaufgabe 1	Tonpapier für die Karte (auf 15 cm x 21 cm zugeschnitten); Ansichtsexemplar
Lernaufgaben 2, 3, 4 und 6	Backzutaten und Zubehör entsprechend der Auftragskarten (Backzutaten evtl. fertig abgewogen bereit stellen).
Lernaufgabe 5	200 g Mehl, 200 g harte Butter, 200 g Zucker, 200 g gemahlene Mandeln, 2 Eier, 1 Teelöffel Zimt, 1 Teelöffel Nelkenpulver, 1 Glas Marmelade (Backzutaten evtl. fertig abgewogen bereit stellen).
Lernaufgabe 7	Kassettenrekorder; (Tee-) Lichter; Çayda Çira Musik (traditionelles Lied: Eltern oder Lehrer für Muttersprachenunterricht fragen)

Lernaufgabe 8	(Orff-) Instrumente
Lernaufgabe 9	Pappteller, Gummiband
Lernaufgabe 10	Schattentheater (mit Beleuchtung); oder Tageslichtprojektor und Folie von Kopiervorlage S. 35, Ansichtsexemplar der Figuren (kann der „Chef" der Aufgabe basteln)
Lernaufgabe 11	Walkman (Kassette mit besprochenem Text); Stöpselkarte (anfertigen)
Lernaufgabe 12	Text (laminieren); wasserlöslicher Folienstift und Lappen
Lernaufgabe 13	Text (laminieren) in Streifen schneiden
Lernaufgabe 14	Text (laminieren), wasserlöslicher Folienstift und Lappen
Lernaufgabe 15	„Gebäude" für die Krippe (kann der „Chef" der Aufgabe basteln); Stroh; helles Tonpapier (auf 10 cm x 15 cm zugeschnitten) für die Figuren
Lernaufgabe 16	Geschenk- oder Schleifenband (ca. 1 m pro Kind); Bonbons (ca. 10 Stück je Kind); Maßband, Tacker
Lernaufgabe 17	Ansichtsexemplar
Lernaufgabe 18	Schablone herstellen (siehe Kopiervorlage Seite 51); Transparentpapier (auf 17 cm x 9,5 cm zugeschnitten); Toilettenpapierrollen; Klebefilm; Ansichtsexemplar
Lernaufgabe 19	Krepppapier, Toilettenpapierrollen; Ansichtsexemplar
Lernaufgabe 20	Ansichtsexemplar

Vervielfältigung der Kopiervorlagen

Die Aufgaben- und Arbeitsblätter können zur besseren Unterscheidung farblich gekennzeichnet werden (z. B. Lernaufgaben auf hellgrünes Papier kopieren; Anleitungen auf gelbes Papier, Rezeptzeichnungen auf blaues Papier, Zusatzaufgaben auf rosa Papier). Jede Lernaufgabe muss nur einmal kopiert werden (durch eine Klarsichthülle schützen), die Arbeitsblätter sollten während der Lernwerkstattarbeit je nach Bedarf vervielfältigt werden.

Lernwerkstattbegleitende Unterrichtsideen

Umfrage

Die Kinder können eine Umfrage machen, aus der die multikulturelle Situation der Schule ersichtlich wird.

Weltkarte

Einer Weltkarte (Kopiervorlage Seite 59) können alle Namen der Kinder zugeordnet werden. Die SchülerInnen können Informationen (Klima, Hauptstadt u. ä.) zu den jeweiligen Ländern erhalten.

Ausstellung

Es kann eine Ausstellung entstehen, bei der landestypische (Fest-) Dinge von den Kindern / den Eltern gezeigt werden. Den Kindern wird somit eine unmittelbare Begegnung mit Dingen aus anderen Ländern ermöglicht.

Die Ausstellung kann mit den unterschiedlichen Landesflaggen (z. B. von den Kindern gemalt) geschmückt werden und für die gemeinsame Adventsfeier als Gesprächsanlass dienen.

Befragung der Eltern

Ausgehend von dem ausgefüllten Fragebogen können einige Eltern der Klasse zu einem vorbereiteten Interview in die Schule eingeladen werden, um von ihrem Heimatland und von landestypischen Festen zu erzählen.

Leseecke

In einer Ecke des Klassenzimmers kann eine Leseecke mit Büchern zum Thema eingerichtet werden (auf Anfrage stellen viele Stadtbüchereien eine Kiste mit Kinderbüchern zum Thema zusammen).

Lieder

Die Kinder können ihre Instrumente mitbringen; landestypische Lieder spielen, singen und für die Adventsfeier üben.

Atmosphäre

Eine gemütliche Atmosphäre ist für die Weihnachtszeit besonders kennzeichnend. Es ist schön, den Kindern während der Arbeit in der Lernwerkstatt zu ermöglichen Tee zu trinken. Dieser könnte in einem Samowar zubereitet werden, den viele russische Eltern zu Hause haben.
Zusätzlich kann eine Duftlampe für weihnachtliche Stimmung sorgen.

Werkstattplan von:

____

Nr.	Lernaufgabe	bearbeitet mit ...
1	Wir schreiben unsere Einladung	
2	Wir zaubern ein Panettone Rezept	
3	Wir schreiben ein Helva Rezept	
4	Wir schreiben ein Kürbiskuchen Rezept	
5	Wir schreiben ein Mazurek Rezept	
6	Wir schreiben ein Piroggen Rezept	
7	Wir tanzen einen Çayda Çira	
8	Come balli bene bella bimba	
9	Wir basteln eine Tiermaske	
10	Wir spielen im Schattentheater	
11	Nikolaus hat wirklich gelebt!	
12	Santa Claus	
13	Ein Weihnachtslied für die ganze Welt	
14	Der Sternenmann	
15	il presepio	
16	Wir basteln eine Girlande	
17	Wir basteln eine Weihnachtskarte	
18	Wir basteln ein buntes Licht	
19	Wir basteln russischen Tannenschmuck	
20	Wir basteln la befana	

Unsere Zeichen:
- ☺ Einzelarbeit
- ☺ ☺ Partnerarbeit
- ☺ ☺ ☺ Gruppenarbeit
- ! Tipp
- § Pflicht
- ✸ Zusatzaufgabe

BVK LW 17 · Anja Gröting: Lernwerkstatt „Weihnachten in anderen Ländern"

Lernwerkstattplan

Lernaufgabe / Name	1	2	3	4	5	6	7	8	9	10	11	12	13	14	15	16	17	18	19	20

Fragebogen für deine Eltern

Wann feiern Sie Weihnachten?

Wie schmücken Sie ihre Wohnung zum Fest (Kerzen, Lichter, Weihnachtsschmuck, Weihnachtsbaum ...)?

Kennen Sie Lieder für die Weihnachtszeit, die typisch für „Ihr" Land sind?
Können Sie diese bitte aufschreiben und eventuell mit Ihrem Kind singen üben?

Was heißt .... in „Ihrer" Sprache?
Frohes Fest:
Frohe Weihnachten:
Geschenk:
Guten Morgen:
Guten Tag:
Auf Wiedersehen:

Wie heißen die Zahlen von 1 - 20?

Kennen Sie Abzählverse, die für Ihr Land typisch sind?

BVK LW 17 · Anja Gröting: Lernwerkstatt „Weihnachten in anderen Ländern"

Fragebogen für deine Eltern

Können Sie uns einige Rezepte nennen, die landestypisch für die Weihnachtszeit sind?

Können Sie der Klasse einige landestypische Dinge zur Ansicht zur Verfügung stellen (Postkarten, Fotos, Spielzeug, Weihnachtsschmuck ...)?

Haben Sie eine Idee, was unsere Klasse noch über „Ihr" Land wissen sollte (typische Redensarten, Bräuche ...)?

Würden Sie sich eventuell einmal Zeit nehmen um den Kindern unserer Klasse etwas über „Ihr" Land zu erzählen?

Haben Sie einmal Zeit in der Schule mit uns zu backen?

Vielen Dank für Ihre Mitarbeit!

1. Wir schreiben unsere Einladung

Am ____________________ feiert die Klasse ________
gemeinsam mit den Eltern eine Weihnachtsfeier.
Die Feier soll um ________ Uhr beginnen
und findet ______________________________ statt.
________________________________ sind mitzubringen.

1. **Überlege, was die Eltern wissen müssen.**

2. **Schreibe die Einladung auf Schmierpapier vor.**
   ! Denke an die wichtigen Informationen.
   Die Fragen helfen dir.
   § Zeige den Entwurf deiner Lehrerin oder deinem Lehrer.

3. **Bastele eine Weihnachtskarte.**

4. **Schreibe deine Einladung.**

---

2. Wir zaubern ein Panettone Rezept

In Italien wird zwischen Weihnachten und dem Jahreswechsel Panettone als Nachtisch gegessen.
Panettone schmeckt ungefähr wie Rosinenbrot.
Wir möchten Panettone für unsere Weihnachtsfeier backen.
Es gibt aber ein Problem! Die Dreikönigshexe Befana,
die in Italien i regali (deutsch = die Geschenke) bringt, hat das Rezept verhext ...

1. **Lies.**

2. **Entzaubere das Rezept.**
   ! Benutze die Bilder, die Befana gemalt hat.

3. **Schreibe, wie Panettone zubereitet wird.**

3. Wir schreiben ein Helva Rezept

Helva - eine türkische Süßspeise
Muhammer erzählt:
„In der Türkei wird nach dem Fastenmonat Ramadan ein großes Fest gefeiert.
Wir nennen es Seker Bayrami, das bedeutet Zuckerfest.
An dem Festtag besuchen wir Freunde oder Verwandte - und sie besuchen uns.
Wir Kinder wünschen den Erwachsenen Glück und Segen und küssen ihnen die Hand.
Oft bekommen wir Geld geschenkt. Zum Seker Bayrami gibt es immer Süßigkeiten, ist ja auch klar, sonst würde das Fest nicht Zuckerfest heißen!
Meine Lieblings-Süßigkeit ist Helva."

1. **Gucke dir die Bilder genau an.**
2. **Schreibe alle Zutaten auf.**
3. **Schreibe, wie Helva zubereitet wird.**

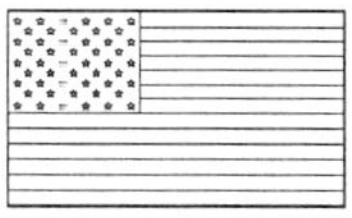

4. Wir schreiben ein Kürbiskuchen Rezept

Der Abend des 25. Dezember in den USA
Frau Weaver hat uns aufgeschrieben, wie Weihnachten in den USA gefeiert wird:
„Richtig gefeiert wird in den USA erst am Abend des 25. Dezember.
Nachdem die Kinder ihre Socken vom Kamin geleert haben, setzen wir uns gemütlich zum Essen zusammen.
Es gibt ein festliches Essen mit Ente oder Gans oder Pute oder Rinderbraten.
Dazu gibt es Kartoffelbrei, gekochte Maiskolben und Bohnen.
Als Nachtisch essen viele Amerikaner dann gerne einen Kürbiskuchen."

1. **Gucke dir die Bilder genau an.**
2. **Schreibe alle Zutaten auf.**
3. **Schreibe, wie ein Kürbiskuchen gebacken wird.**

5. Wir schreiben ein Mazurek Rezept

Weihnachtsabend in Polen
Am Abend des 24. Dezember drücken sich die Kinder die Nasen an den Fensterscheiben platt.
Warum denn das?
Lies, was Christoph uns erzählt hat ...

1. Gucke dir die Zutaten an.

2. Schreibe die Zutaten auf:
- **Was benötigst du?**
- **Wie viel benötigst du?**

6. Wir schreiben ein Piroggen Rezept

Gebäck zum Tee
Lena aus Russland erzählt:
„Wir haben zu Hause häufig Gäste. Der Tisch wird für unseren Besuch immer mit vielen Köstlichkeiten gedeckt. Dann sitzen wir stundenlang zusammen, erzählen uns Witze und Geschichten. Wir trinken Tee, der im Samowar zubereitet wird. Dazu essen wir Bonbons oder Gebäck. Ich freue mich besonders, wenn es Piroggen gibt. Piroggen schmeckt wie Apfelkuchen."

1. Gucke dir die Bilder genau an.

2. Schreibe alle Zutaten auf.

3. Schreibe, wie Piroggen zubereitet wird.

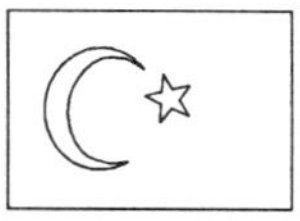

7. Wir tanzen einen Çayda Çira

Çayda Çira - ein Kerzentanz
Çayda Çira ist ein bekannter türkischer Volkstanz.
Auf Festen wird häufig ein Çayda Çira getanzt.
Çayda Çira ist ein Tanz, bei dem alle Tänzer in einer Reihe stehen.

1. Hört.

2. Lies die Tanzanleitung.

3. Übt den Tanz.
   ! Geht in den Flur.

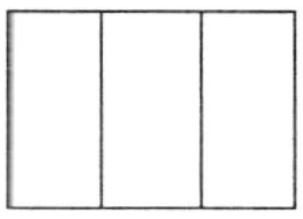

8. Come balli bene bella bimba

Oh, come balli bene bella bimba - Oh, come balli bene bella bimba ist ein sehr alter und bekannter Tanz in Italien.
Der Zungenbrecher ist schön zu singen.
Du hast bestimmt eine Idee, wie du dazu tanzen kannst ...

1. Lies.

2. Versuche, italienische Wörter zu übersetzen.

3. Schreibe sie auf.

✸ - Singe den Zungenbrecher.
! Spiele dazu ein Instrument.
- Tanze dazu.

BVK LW 17 · Anja Gröting: Lernwerkstatt „Weihnachten in anderen Ländern“

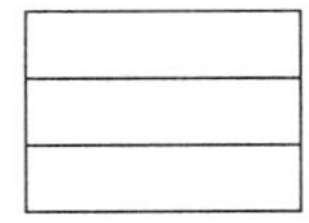

9. Wir basteln Tiermasken

Zu Lenas Opa kam die Babuschka ... - Lena erzählt:
„Von meinem Opa Alex weiß ich, dass er als Kind die Geschenke zu Weihnachten von der Babuschka bekam. Mein Freund Marco war dabei, als Großvater mir die Geschichte der Babuschka erzählte. Marco meint, dass die Befana aus Italien eine ganz ähnliche Geschichte hat.
Heute feiern wir Weihnachten gar nicht mehr so richtig. Dafür aber die Svjatki, das sind die Tage nach Weihnachten. Wir stellen eine Neujahrstanne auf und schmücken sie schön. Alle Kinder verkleiden sich als Tiere und ärgern die Erwachsenen. Väterchen Frost und das Schneemädchen bringen uns die Geschenke.
Oft sagen wir den beiden einige Gedichte auf.
Wir singen viel und tanzen um die Tanne."

1. Lies.
2. Bastele nach Anleitung.
3. Überlege, wie du auf der Weihnachtsfeier tanzen möchtest.

10. Wir spielen im Schattentheater

Nasreddin Hodscha
Hodscha ist in der Türkei ein Name für Gelehrte.
Die Kinder nennen ihren Lehrer oft Hodscha. In den Geschichten über Nasreddin Hodscha erfährst du, dass Nasreddin manchmal ganz schlau und manchmal ein bisschen närrisch ist.
Nasreddin Hodscha-Texte sind in der Türkei sehr bekannt.

1. Sucht euch eine Geschichte aus.

2.  **Lies.**

3. Einigt euch, wer wen spielt.

4. Probt.
! Unterstreiche in deinem Text, was du sagst.
§ Benutze das Schattentheater.

BVK LW 17 · Anja Gröting: Lernwerkstatt „Weihnachten in anderen Ländern"

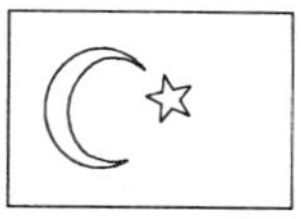

11. Nikolaus hat wirklich gelebt!

Bischof Nikolaus
Nikolaus hat wirklich gelebt! Das wusstest du nicht?

1. **Höre.**
   ! Lies gleichzeitig mit.

2. **Lies die Fragen.**

3. **Beantworte richtig.**
   § Kontrolliere.

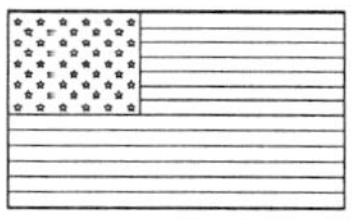

12. Santa Claus

Weihnachten in den USA - Carol erzählt:
„Am 1. Dezember schmücken wir das ganze Haus.
Eine Woche vor Weihnachten lege ich meinen Wunschzettel unter den christmas tree (deutsch = Weihnachtsbaum).
Besonders wichtig ist natürlich meine größte Socke an den Kamin zu hängen!"

1. **Lies die Geschichte.**

2. **Unterstreiche wichtige Textstellen.**

3. **Schreibe Fragen zu den wichtigen Textstellen.**

4. **Schreibe die Fragen auf einen Papierstreifen.**

5. **Schreibe deinen Namen auf die andere Seite, damit du auf der Weihnachtsfeier kontrollieren kannst.**

6. **Rolle den Papierstreifen ein. Verschließe ihn mit einem Band.**

BVK LW 17 · Anja Gröting: Lernwerkstatt „Weihnachten in anderen Ländern"

13. Ein Weihnachtslied für die ganze Welt

Als das Lied „Stille Nacht, heilige Nacht" erfunden wurde, hätte keiner gedacht, dass es so berühmt wird.
Heute ist es auf der ganzen Welt bekannt.

1. Lies.
2. Ordne die Streifen.
3. Kontrolliere.
4. Male ein Bild zu einem Streifen.
   § Gucke in die Tabelle.
   Wir brauchen jedes Bild höchstens zweimal.
5. Trage deinen Namen in die Tabelle ein.

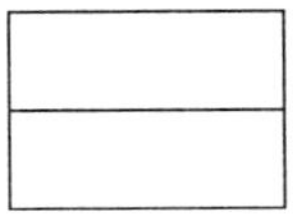

14. Der Sternenmann

Weihnachten in Polen
Michael hat uns erzählt, was am Weihnachtsabend bei ihm zu Hause passiert ...

1. Lies die Geschichte.
2. Unterstreiche wichtige Textstellen.
3. Überlege Fragen zu den wichtigen Textstellen.
4. Schreibe die Fragen auf einen Papierstreifen.
5. Schreibe deinen Namen auf die andere Seite, damit <u>du</u> auf der Weihnachtsfeier kontrollieren kannst.
6. Rolle den Papierstreifen ein.
   Verschließe ihn mit einem Band.

BVK LW 17 · Anja Gröting: Lernwerkstatt „Weihnachten in anderen Ländern"

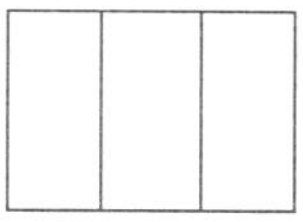

15. il presepio

In Italien ist il presepio (deutsch = die Krippe) wichtiger, als der Weihnachtsbaum. Die Krippen werden besonders schön geschmückt. Oft sind die Krippen sehr groß. In jeder presepio müssen Maria, Josef und Jesus, die Stalltiere, die Hirten, die Schafe und die Kamele sein.
Die drei Könige werden erst am 6. Januar dazugestellt.
Meistens wird il presepio von den bambini (deutsch = Kindern) aufgestellt.

1. Suche dir eine Figur aus, die noch nicht in unserer Krippe steht.
! Gucke auf den Plan.

2. Bastele nach der Anleitung.

3. Stelle die Figur in die Krippe.
§ Kreuze auf dem Plan an, welche Figur du gebastelt hast.

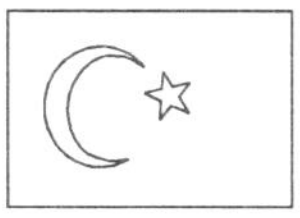

16. Wir basteln eine Girlande

Ein Fest in der Türkei
Seker Bayrami (deutsch = Zuckerfest) ist in der Türkei ein sehr wichtiges Fest.
Jedes Kind wünscht den Erwachsenen ein frohes Fest.
Oft bekommt es dabei Süßigkeiten. Bonbons und Süßigkeiten gehören zum Seker Bayrami.
Die Wohnung wird manchmal mit bunten Girlanden geschmückt.

1. Lies.

2. Bastele nach der Anleitung.
! Ein Bonbon darfst du naschen.

3. Hänge die Girlande an unsere Zweige.

BVK LW 17 · Anja Gröting: Lernwerkstatt „Weihnachten in anderen Ländern"

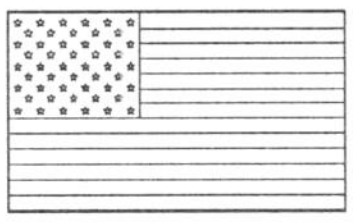

17. Wir basteln eine Weihnachtskarte

Weihnachten in den USA
In den USA ist Weihnachten ein großes Fest.
Die ganze Familie hilft die Wohnung schön zu schmücken.
Wusstest du, dass die Amerikaner ihre Weihnachtspost aufhängen?
Frau Weaver hat uns aufgeschrieben, wie Weihnachten in Amerika gefeiert wird.

1. Lies.

2. Bastele nach der Anleitung.

3. Schreibe einen Weihnachtsgruß auf die Karte.
!Schreibe in mehreren Sprachen

4. Hänge die Karte an unsere Leine.

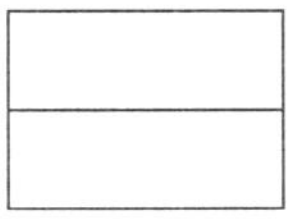

18. Wir basteln ein buntes Licht

Polnischer Weihnachtsschmuck
Marek erzählt vom Weihnachtsfest:
„Bei uns in Polen ist Weihnachten ein buntes Fest.
An unserem Christbaum hängen zum Beispiel rote, gelbe, blaue, orange Kugeln, viele bunte Lichter und Lametta.
Unsere Zimmer sind mit farbigen Lichtern geschmückt."

1. Lies.

2. Bastele nach der Anleitung.
! Lies genau, wie du basteln musst.

BVK LW 17 · Anja Gröting: Lernwerkstatt „Weihnachten in anderen Ländern"

19. Wir basteln russischen Tannenschmuck

Väterchen Frost bringt die Geschenke

Dascha aus Moskau erzählt:
„Russland ist ein sehr großes Land! In einigen ländlichen Gegenden gibt es ganz andere Legenden, als bei uns. Deshalb gibt es auch viele unterschiedliche Bräuche bei den russischen Festen.
In unserer Familie zum Beispiel ist Weihnachten gar nicht ein so wichtiges Fest.
Dafür wird der Jahreswechsel groß gefeiert.
Nach unserem Julianischen Kalender beginnt das neue Jahr am 7. Januar.
Überall in den Wohnungen und auf den Straßen stehen Neujahrstannen.

Unsere Tanne ist immer mit selbstgebastelten Dingen geschmückt.
An Neujahr kommt Ded Moroz (sprich: Ded Morosch; deutsch = Väterchen Frost) mit seiner Helferin Snegúrotschka (deutsch = Schneemädchen) und bringt uns die Geschenke.
Wie die beiden aussehen?
Ded Moroz hat einen langen Bart, trägt eine rote Mütze und einen langen roten Mantel.
Snegúrotschka hat ein blaues Gewand an und trägt manchmal eine Krone."

1. Lies, wie Ded Moroz oder Snegúrotschka aussehen sollen.

2. Entscheide, wen du basteln möchtest.

3. Bastele nach der Anleitung.

✸ Lies das Märchen vom Schneemädchen.

20. Wir basteln la befana

La befana
In der Hauptstadt von Italien (Rom), bekommen die Kinder die regali (deutsch = Geschenke) am 6. Januar.
Die Dreikönigshexe Befana bringt die Geschenke.

1. **Lies, wie die Befana aussehen soll.**

2. **Bastele nach der Anleitung.**

✱ **Lies die Geschichte der Befana.
Schreibe eine Rätselrolle.**

Arbeitsblatt

1. Wir schreiben unsere Einladung

Wem schreibe ich? (Anrede)

Was wird gefeiert?

Wann wird gefeiert?

Wo wird gefeiert?

Wer feiert?

Was muss mitgebracht werden?

Wer schreibt die Einladung?

Grüße!

Bastelanleitung für eine Weihnachtskarte

1. Falte das Tonpapier zu einer Karte.
2. Überlege, welche Motive (Bilder) du aufkleben möchtest.
3. Male sie auf buntes Papier.
4. Schneide die Motive aus.
5. Klebe sie auf eine Karte.

BVK LW 17 · Anja Gröting: Lernwerkstatt „Weihnachten in anderen Ländern"

Arbeitsblatt

2. Wir zaubern ein Panettone Rezept

Rezept für Panettone

Zutaten:

500 g Staubkörnchen
Mehl

6 Drachenzähne
Eier

½ Teelöffel Meerwasser
Salz

20 g aufgehende Sonne
Hefe

125 g weißen Sand
Zucker

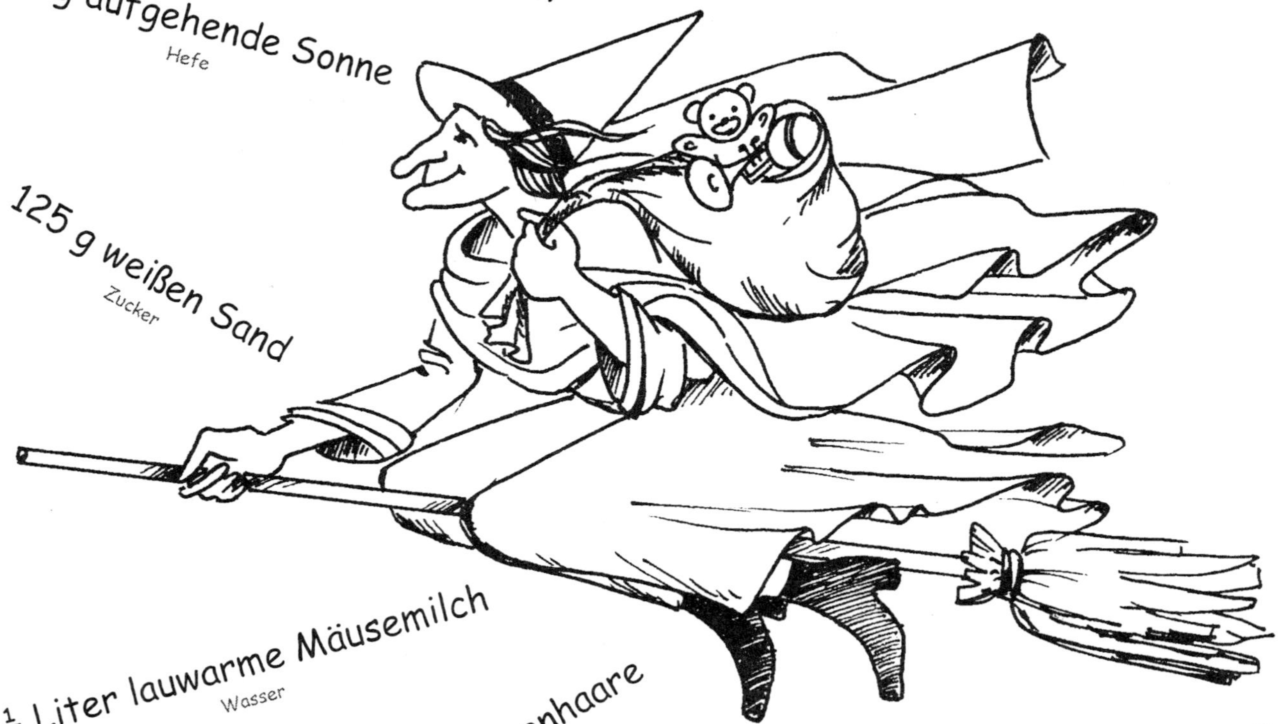

½ Liter lauwarme Mäusemilch
Wasser

125 g fette Fliegenhaare
Butter

50 g Fledermausaugen
Zitronat

100 g Drachenaugen
Sultaninen

50 g Mäuseaugen
Orangeat

Zubereitung:

1. Fledermausaugen, Mäuseaugen und Drachenaugen in eine Schüssel geben.
2. Alle anderen Zutaten zu einem Teig kneten.
3. Den Teig nun ein bis zwei Stunden ruhen lassen.
4. Nun die Fledermausaugen, Mäuseaugen und Drachenaugen dazugeben.
5. Danach kann der Teig in eine hohe, gefettete Kuchenform gefüllt werden.
6. Den Teig noch einmal 15 Minuten ruhen lassen.
7. Nun kann die Panettone gebacken werden - bei 180 °C circa 50 Minuten.

BVK LW 17 · Anja Gröting: Lernwerkstatt „Weihnachten in anderen Ländern"

Arbeitsblatt

3. Wir schreiben ein Helva Rezept

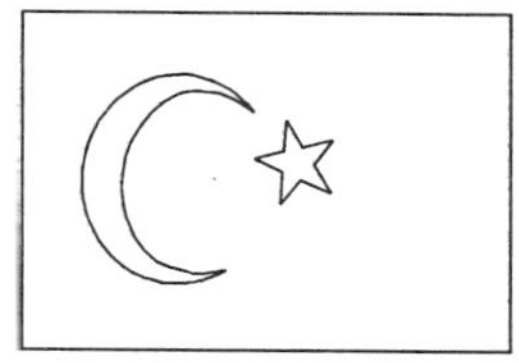

Zutaten:

Zubereitung:

1.

2.

3. Pfanne mit einem Tuch abdecken

5 Minuten
ziehen lassen

4.

einrühren bis der
Zucker flüssig wird

BVK LW 17 · Anja Gröting: Lernwerkstatt „Weihnachten in anderen Ländern“

Arbeitsblatt

4. Wir schreiben ein Kürbiskuchen Rezept

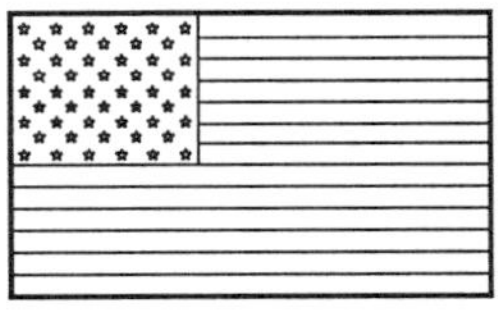

Zutaten:

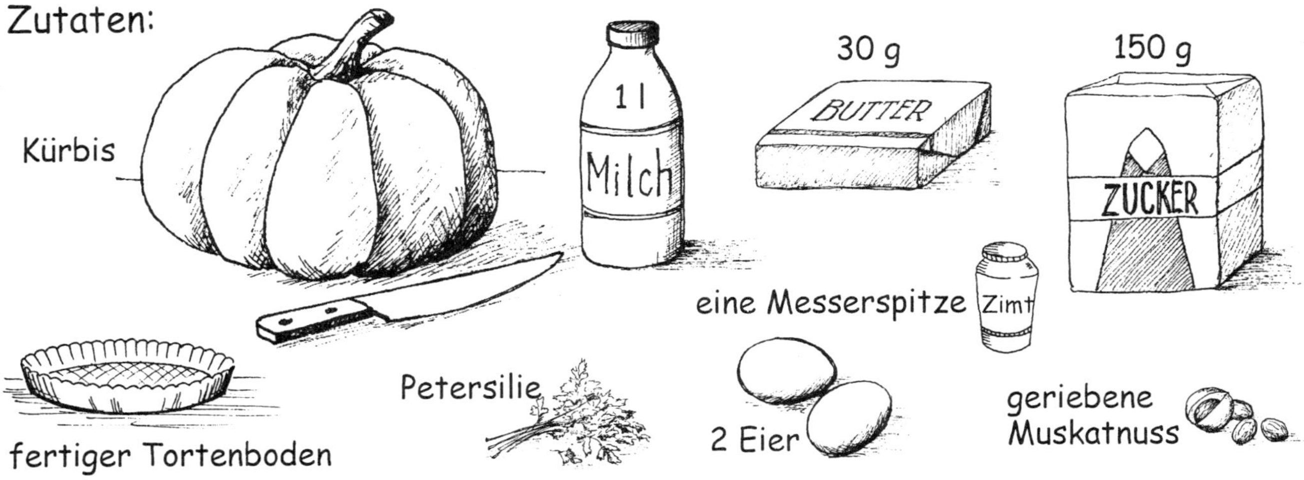

Zubereitung:

1. Fruchtfleisch in Stücke schneiden

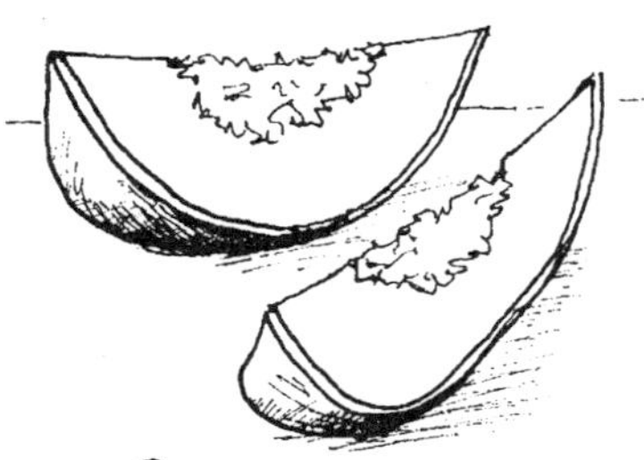

2. 20 Minuten kochen (in Salzwasser)

3. Milch, Butter, Petersilie, Eier, Zucker, Zimt und Muskatnuss dazugeben

anschließend pürieren

4. auf dem fertigen Tortenboden verteilen

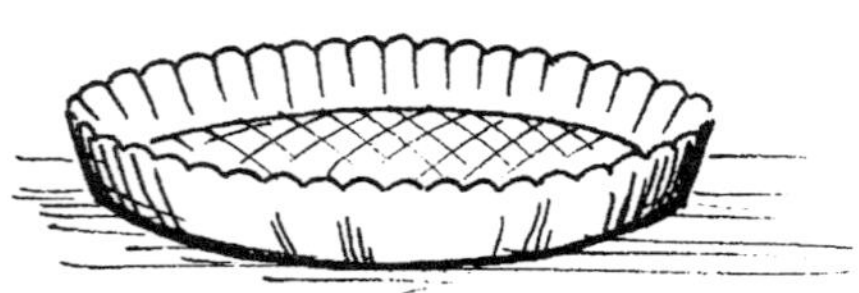

5. bei 200°C ca. 60 Minuten backen

BVK LW 17 · Anja Gröting: Lernwerkstatt „Weihnachten in anderen Ländern“

Arbeitsblatt

5. Wir schreiben ein Mazurek Rezept

Christoph erzählt vom Weihnachtsabend in Polen:

„Abends warte ich ganz aufgeregt darauf, dass der erste Stern sichtbar wird, denn dann beginnt das Weihnachtsfest.
Am Tisch lassen wir zwei Plätze frei.
Es könnte ja sein, dass Maria mit dem Jesuskind zu Besuch kommt.
Ich habe immer großen Hunger, weil wir den ganzen Tag gefastet haben.
Zunächst wird der Oplatek herumgereicht.
Das ist ein dünner Brotfladen.
Darauf ist ein Bild von Maria, Josef und dem Jesuskind zu sehen. Alle dürfen ein Stück davon essen, auch mein Hund Jazek.
Das Festessen dauert sehr lange, es besteht aus 12 verschiedenen Speisen!
Ich freue mich immer besonders auf meinen Lieblings-Nachtisch: Mazurek.
Mmm, mir läuft das Wasser im Mund zusammen ..."

Zutaten:

____

____

____

____

____

Zubereitung:

1. Das Mehl, die Butter und den Zucker mischen.
2. Die Eidotter, die gemahlenen Mandeln, den Zimt und das Nelkenpulver hinzugeben. Zu einem glatten Teig verarbeiten.
3. Den Teig ca. 20 Minuten ruhen lassen.
4. Den Teig daumendick ausrollen.
5. Die Plätzchen ausstechen.
6. Die Ränder der Plätzchen mit Eiweiß bestreichen.
7. Die Plätzchen in den Backofen schieben. Bei 180°C werden sie etwa 20 Minuten gebacken.
8. Inzwischen die Marmelade in einen Topf geben. Unter ständigem Rühren wird die Marmelade flüssig.
9. Die noch warmen Plätzchen mit der flüssigen Marmelade bestreichen.

Arbeitsblatt

6. Wir schreiben ein Piroggen Rezept

Zutaten:

Zubereitung:

1.

2. in

3.

4.

5.
200°C
30 - 40 Minuten

BVK LW 17 · Anja Gröting: Lernwerkstatt „Weihnachten in anderen Ländern"

Arbeitsblatt

7. Wir tanzen einen Çayda Çira

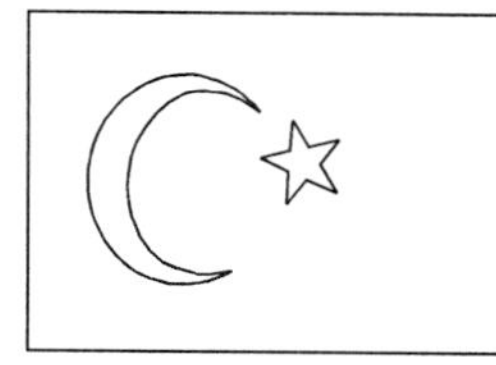

Tanzanleitung für Çayda Çira

Jedes Kind nimmt eine Kerze.

1. Ihr kommt in den Raum und bildet tanzend einen Kreis.

2. Ihr tanzt einen Kreis.

3. Ihr verlasst tanzend den Kreis und bildet eine Reihe.

Gucke die Zuschauer an!

4. Gehe vorsichtig in die Knie, ohne den Oberkörper zu beugen.

5. Stelle die Kerze vor dich auf den Boden.

6. Nun hast du deine Hände frei.
   Klatsche in die Hände und stelle dich wieder gerade hin.

Arbeitsblatt

7. Wir tanzen einen Çayda Çira

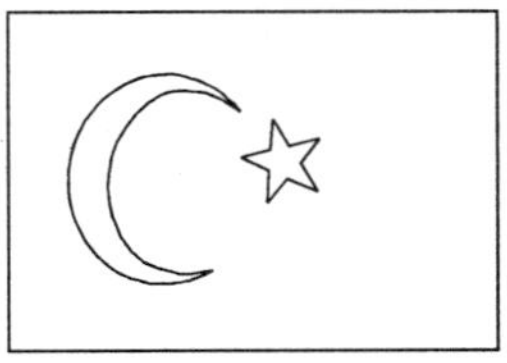

Tanzanleitung für Çayda Çira

7. Die Musik geht aus.
   Wünsche den Zuschauern ein schönes Fest.

8. Die Musik geht wieder an.
   Gehe in die Knie und schwinge dabei die Arme nach links (<-) und nach rechts (->).

9. Hebe die Kerze auf und stelle dich wieder gerade hin.

10. Nun bildet wieder einen Kreis.

11. Verlasst den Kreis und tanzt aus dem Raum.

Arbeitsblatt

8. Come balli bene bella bimba

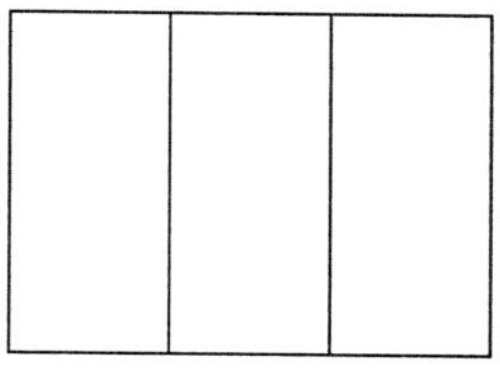

Oh, come balli bene bella bimba

Oh, come balli bene
bella bimba,

bella bimba, bella bimba!

Oh, come balli bene
bella bimba,

bella bimba, balli ben!

Übersetzt heißt dieser Zungenbrecher:

Oh, wie schön es tanzt, das
schöne Mädchen,

schönes Mädchen, schönes Mädchen!

Oh, wie schön es tanzt, das
schöne Mädchen,

schönes Mädchen, tanzt so schön.

BVK LW 17 · Anja Gröting: Lernwerkstatt „Weihnachten in anderen Ländern“

Arbeitsblatt

9. Wir basteln Tiermasken

Bastelanleitung für eine Tiermaske

1. Überlege, als was du dich verkleiden möchtest.
   ! ein Fuchs, ein Bär, ein Hase, ein Vogel ...

2. Schneide zwei Löcher für die Augen in den Pappteller.

3. Schneide einen Mund in den Pappteller.

4. Mache zwei kleine Löcher in den Pappteller, damit du das Gummiband darin befestigen kannst.

5. Male dein Papp-Gesicht an.

6. Benötigt dein Papp-Gesicht noch Ohren, eine Nase oder einen Schnabel?
   ! Bastele aus Tonpapier und klebe auf!

BVK LW 17 · Anja Gröting: Lernwerkstatt „Weihnachten in anderen Ländern“

Arbeitsblatt

10. Wir spielen im Schattentheater

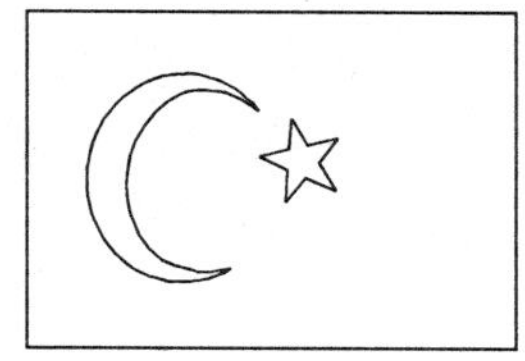

Hodscha und seine Freunde

Eines Tages sprachen der Hodscha und seine Freunde über Helva.
„Ich mag es wirklich", sagte der Hodscha,
„aber ich hatte nie die Gelegenheit, es selbst zu machen."
„Warum nicht?" fragten seine Freunde.
„Nun, wenn wir Mehl im Haus hatten, hatten wir keine Butter.
Und wenn wir Butter hatten, hatten wir kein Mehl", erwiderte der Hodscha.
„Du meinst, du hattest nie beides, Butter und Mehl, zusammen im Haus?"
„Nun, manchmal schon", sagte der Hodscha,
„aber dann war ich nicht zu Hause."

„Hodscha und seine Freunde" aus: Ulich, der Fuchs geht um
5. Aufl. 1995 Beltz Verlag, Weinheim und Basel

BVK LW 17 · Anja Gröting: Lernwerkstatt „Weihnachten in anderen Ländern"

Arbeitsblatt

10. Wir spielen im Schattentheater

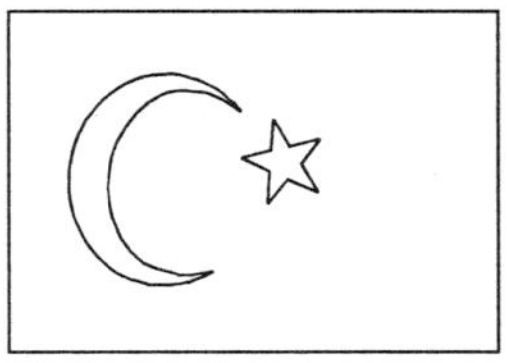

Hodscha und seine Frau

Eines Abends bat der Hodscha seine Frau, etwas Helva zuzubereiten. Sie bereitete ziemlich viel zu. Der Hodscha aß fast alles davon auf. In der Nacht weckte der Hodscha seine Frau auf und sagte: „Ich habe gerade einen wunderbaren Gedanken gehabt." „Was für einen Gedanken?" wollte seine Frau unbedingt von ihm wissen. „Bringe mir den Rest des Helva und ich werde es dir sagen." Seine Frau stand auf und brachte ihm den Rest des Helvas. Nachdem er alles aufgegessen hatte, sagte sie: „Nun werde ich aber nicht schlafen können, bevor du mir nicht deinen Gedanken verraten hast." „Der Gedanke war der", sagte der Hodscha: „Gehe niemals schlafen, bevor du nicht alles Helva aufgegessen hast, was an dem Tag zubereitet wurde."

„Hodscha und seine Frau" aus: Ulich, der Fuchs geht um
5. Aufl. 1995 Beltz Verlag, Weinheim und Basel

BVK LW 17 · Anja Gröting: Lernwerkstatt „Weihnachten in anderen Ländern"

Arbeitsblatt

10. Wir spielen im Schattentheater

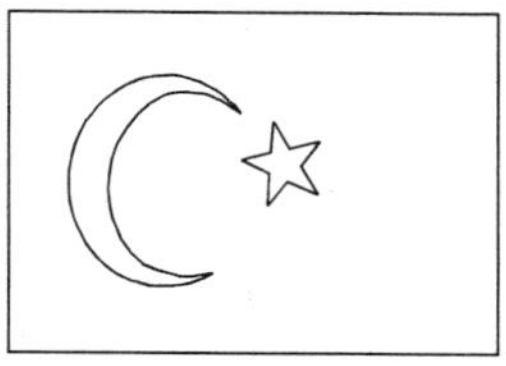

Schattenfigurenrahmen (als Kopiervorlage für eine Folie)

BVK LW 17 · Anja Gröting: Lernwerkstatt „Weihnachten in anderen Ländern"

Arbeitsblatt

10. Wir spielen im Schattentheater

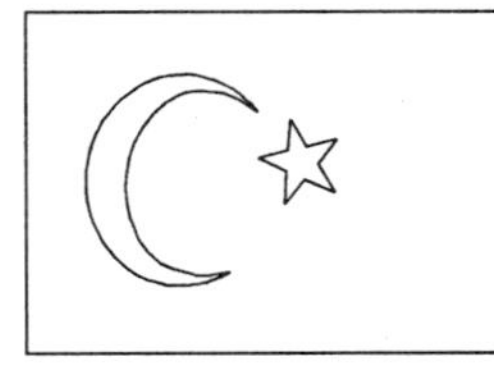

Schattenfiguren (evtl. vergrößern, als Griff auf die Rückseite ein Schaschlikstäbchen kleben)

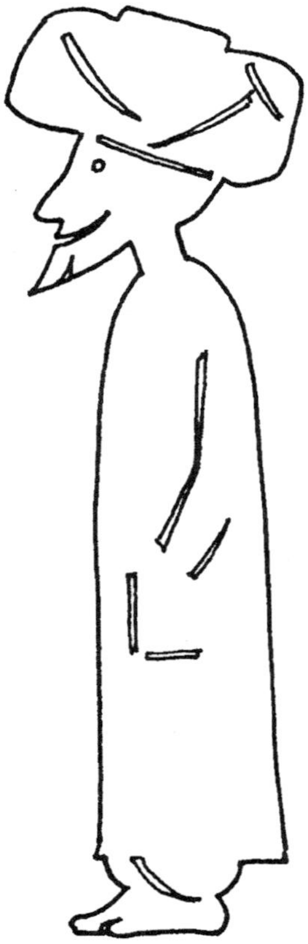

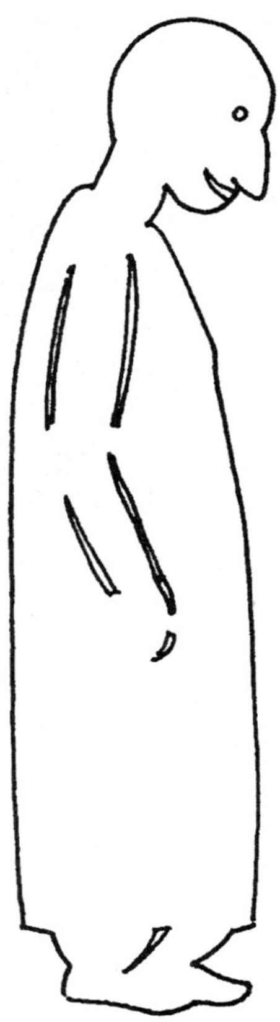

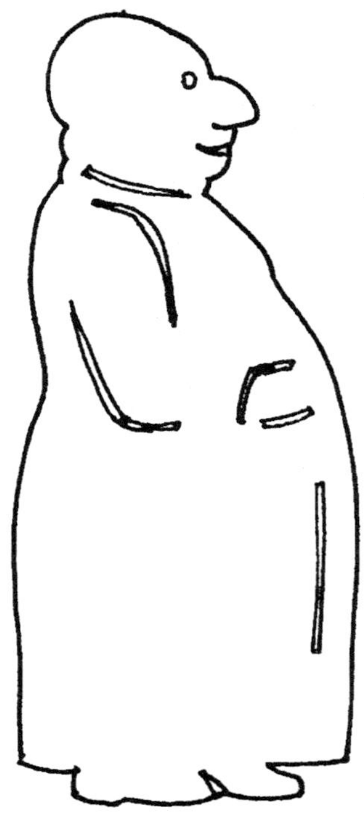

BVK LW 17 · Anja Gröting: Lernwerkstatt „Weihnachten in anderen Ländern“

Arbeitsblatt

11. Nikolaus hat wirklich gelebt

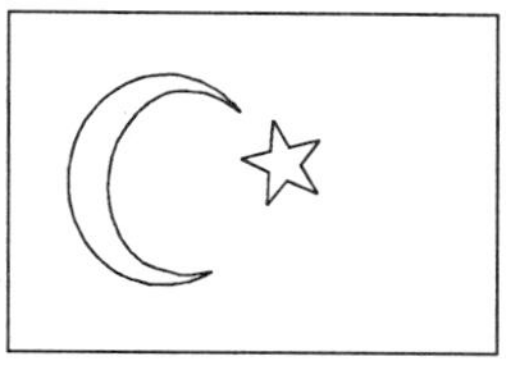

Frau Bauer erzählt:

„Ich erzähle dir die Geschichte vom Nikolaus.
In einem Sommer war es in der Türkei so heiß gewesen, dass alle Brunnen ausgetrocknet sind.
Viele Pflanzen und die Felder waren vertrocknet. Es gab nichts zu ernten.
Die Menschen konnten daher aus dem Korn kein Mehl mahlen. Es konnte kein Brot mehr gebacken werden.
Einige Leute aus der Stadt Myra fuhren in ein anderes Land, um Korn zu kaufen.
Viele Schiffe sollten das Korn nach Myra bringen. Die Menschen aus Myra liefen jeden Tag zum Hafen. Sie sahen auf das Meer hinaus und warteten auf die Schiffe. Ohne das Korn müssten sie alle sterben.
Da sahen sie plötzlich das Getreideschiff.
Bald müsste das Schiff anlegen.
Da kamen Seeräuber und versperrten den Weg.
Sie ließen das Getreideschiff nicht durch. Die Seeräuber verlangten ein Schiff mit Gold beladen.
Sie wollten das Getreideschiff versenken, wenn sie kein Gold bekamen.
Doch die Menschen aus Myra hatten ihr ganzes Geld für das Getreide ausgegeben.
Die Räuber überlegten, was sie sonst verlangen konnten. „Dann gebt uns eure Kinder. Die können uns gute Dienste leisten", sagte ein Seeräuber.
Die Leute aus Myra überlegten:
„Unsere Kinder müssen ja doch verhungern, und wir alle auch!" rief eine Frau.
„Gebt die Kinder den Seeräubern. Dann bleiben sie wenigstens am Leben!" schrie ein Mann.
Schon rannten die Seeräuber zu den Häusern, um die Kinder einzufangen. „Halt!" rief ein Mann.
„Gebt die Kinder zurück! Hier ist das Gold!"
Da stand Bischof Nikolaus.
In seinen Armen trug er alle Kostbarkeiten aus der Kirche. So waren die Kinder frei.
Die Menschen aus Myra waren glücklich.
Sie mussten ihre Kinder nicht opfern und Korn zum Backen hatten sie auch.
So hatte Bischhof Nikolaus allen geholfen."

Arbeitsblatt

11. Nikolaus hat wirklich gelebt

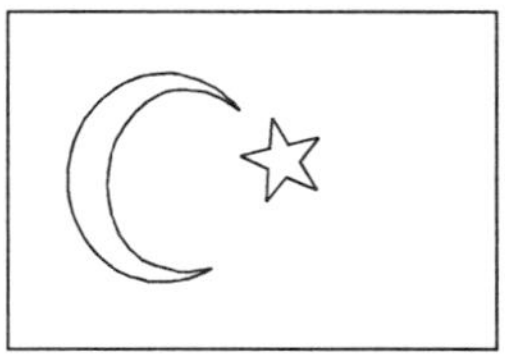

Fragen zum Text

1. Wo hat Bischof Nikolaus gelebt?
☐ in den USA ☐ in Deutschland ☐ in der Türkei

2. Warum waren die Menschen in der Stadt Myra in Not?
☐ sie hatten nichts zu essen ☐ sie hatten keine Häuser
☐ sie hatten keine Seeräuber

3. Was kauften die Menschen aus Myra in einem anderen Land?
☐ Getränke ☐ ein Schiff ☐ Getreide

4. Wer versperrte dem Getreideschiff den Weg?
☐ Bischof Nikolaus ☐ die Kinder aus Myra ☐ die Seeräuber

5. Was wollten die Seeräuber?
☐ den Bischof Nikolaus ☐ das Getreide ☐ das Gold

6. Was forderten die Seeräuber, als sie wussten, dass die Menschen aus Myra kein Gold hatten?
☐ die Frauen aus Myra ☐ die Kinder aus Myra ☐ die Männer aus Myra

7. Wer half den Menschen aus Myra?
☐ der Seeräuberkapitän ☐ die Kinder ☐ Bischof Nikolaus

8. Was gab er den Seeräubern?
☐ das Geld aus seiner Geldbörse ☐ die Frauen aus Myra
☐ die Kostbarkeiten aus der Kirche

9. Was passierte dann?
☐ Bischof Nikolaus wurde von den Seeräubern mitgenommen
☐ die Menschen aus Myra bekamen das Getreide

BVK LW 17 · Anja Gröting: Lernwerkstatt „Weihnachten in anderen Ländern"

Arbeitsblatt

11. Nikolaus hat wirklich gelebt

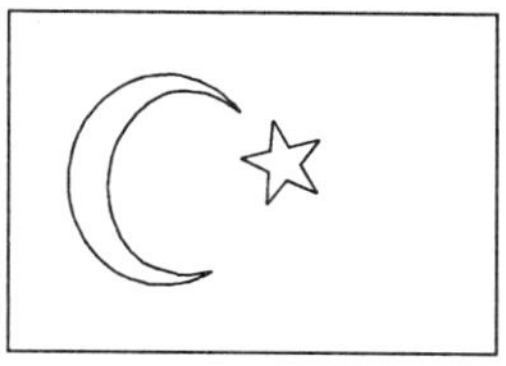

✸Lies.

Kannst du die Geschichte auf unserer Weihnachtsfeier erzählen?

! Male ein Bild dazu.

Wie Nikolaus drei armen Mädchen half

Einmal hörte Nikolaus von einem Vater, der sein ganzes Geld verloren hatte. Deshalb konnte er für seine drei Töchter nicht mehr kaufen, was sie zum Heiraten brauchten. Kein Mann wollte eine Frau heiraten, die nichts hatte.
Der Vater beschloss, die drei Mädchen fortzuschicken, damit sie ihr Geld selbst verdienten. Als Nikolaus von der Not der armen Mädchen hörte, hatte er Mitleid. Wie konnte er helfen?
Er ging zu vielen reichen Leuten und bat um Geld.
So sammelte er viele Goldmünzen. Er füllte sie in drei Säckchen.
In der Dunkelheit ging er zum Haus der drei armen Mädchen.
Er warf die Säckchen durch das offene Fenster in das Haus.
Dabei gingen die Säckchen kaputt und die Goldmünzen fielen auf den Boden. Die Mädchen kamen herbeigelaufen und sahen, wer ihnen das viele Geld durch das Fenster geworfen hat. Da war ihre Freude übergroß.
Sie dankten Bischof Nikolaus und weinten vor Glück. Nun waren sie nicht mehr arm. Sie mussten nicht mehr fort um Geld zu verdienen.
Bald fand jedes Mädchen einen Mann.

Arbeitsblatt

12. Santa Claus

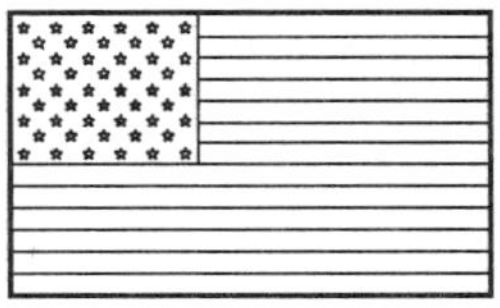

Santa Claus in den USA

Am 24. Dezember, an Christmas Eve (deutsch = heiliger Abend) werden alle Vorbereitungen für den 25. Dezember getroffen.
Es wird gebacken und gekocht.
Bevor die Kinder am Abend schlafen gehen, stellen sie eine Tasse Milch, Kakao und Kekse unter den christmas tree (deutsch = Weihnachtsbaum).
Das alles ist für Santa Claus (deutsch = Weihnachtsmann).
Er braucht eine kleine Stärkung, weil er in der Nacht so viel arbeiten muss. Santa Claus bringt in der Nacht zum 25. Dezember die gifts (deutsch = Geschenke). Er reist mit seinem Schlitten durch den Himmel.
Einige Rentiere ziehen seinen Schlitten.
Santa Claus landet auf dem Häuserdach und kriecht durch den Kamin.
Am Kamin hängen schon die Socken der Kinder.
Diese füllt Santa Claus mit Geschenken.
Die Amerikaner stellen sich Santa Claus als einen dicken, rot gekleideten Mann mit einem weißen, langen Bart vor.

BVK LW 17 · Anja Gröting: Lernwerkstatt „Weihnachten in anderen Ländern"

Arbeitsblatt

12. Santa Claus

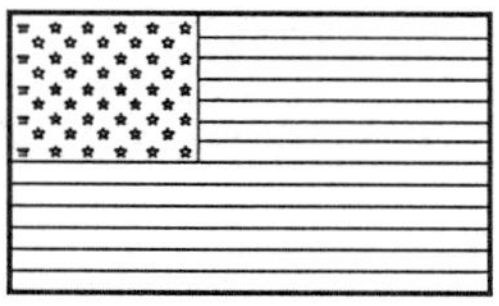

✸ Lies.

Wie Santa Claus zu seinem Namen kam ...

Santa Claus ist noch nicht so alt wie der Nikolaus.

Santa Claus würde es ohne die Geschichte vom Bischof Nikolaus wohl gar nicht geben.

Vor vielen Jahren zogen einige Familien von Holland nach Amerika. Die Holländer erzählten den Amerikanern von ihrem Nikolaus, der in Holland Sinterklaas (deutsch = Nikolaus) genannt wird.
Den Amerikanern gefiel die Geschichte vom Bischof Nikolaus aus der Türkei, der den Kindern half.

Aus dem holländischen Wort 'Sinterklaas' wurde dann das amerikanische Wort 'Santa Claus'.

BVK LW 17 · Anja Gröting: Lernwerkstatt „Weihnachten in anderen Ländern"

Arbeitsblatt

13. Ein Weihnachtslied für die ganze Welt

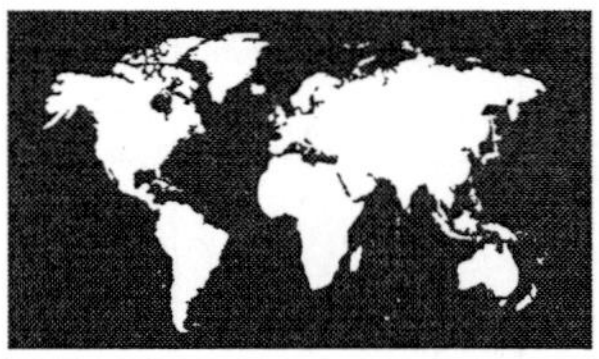

1 Im Jahr 1818 übte der Lehrer Franz Gruber die Lieder für die Weihnachtsmesse.
Dazu benutzte er die Orgel in der Kirche.

2 An einem Tag war die Orgel kaputt.
Er sah, dass eine Maus an der Orgel geknabbert hatte.

? Franz Gruber war sehr traurig.
Wie konnte er denn nun in der Weihnachtsmesse Musik machen?
Er brauchte ein Lied, dass einfach zu singen ist
und sich auch ohne Orgel gut anhört.

4 Er ging zum Priester Joseph Mohr und fragte um Rat.

? Joseph Mohr hatte eine gute Idee.
Er setzte sich hin und schrieb ein neues Lied.
Schon nach wenigen Stunden war der Text fertig.

6 Die Melodie für das Lied dachte sich Franz Gruber aus.
Es war eine einfache, aber sehr schöne Melodie.
In der Weihnachtsmesse sang Franz Gruber das Lied:
„Stille Nacht, heilige Nacht!"

? Alle Menschen in der Kirche waren begeistert.

13. Ein Weihnachtslied für die ganze Welt

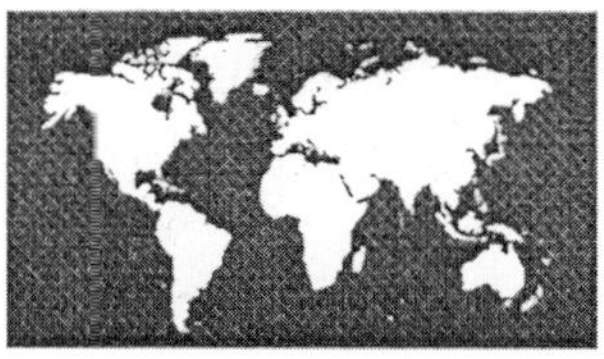

8 Das Lied war auch ohne Orgel wunderschön.
Später kam ein Orgelbauer um die Orgel zu reparieren.
Dabei lernte er das Lied „Stille Nacht, heilige Nacht!" kennen.

9 Er nahm das Lied mit in seine Heimat.
Dort sang er es einigen Leuten vor.
Auch diese Menschen waren von dem Lied begeistert.
Sie sangen es anderen Menschen vor.

10 Schon bald war das Lied von Franz Gruber und Joseph Mohr in ganz Deutschland bekannt - und beliebt.

? Bald kannten viele Menschen in anderen Ländern das Lied.
Es wurde in viele fremde Sprachen übersetzt.

Arbeitsblatt

13. Ein Weihnachtslied für die ganze Welt

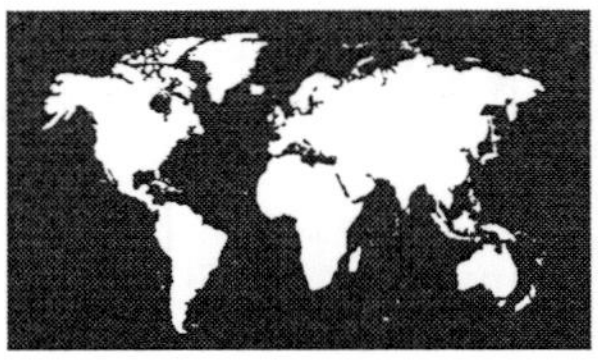

Tabelle

Zu welchem Streifen hast du ein Bild gemalt?

Streifen Nummer:	1. Bild gemalt von:	2. Bild gemalt von:
Streifen 1		
Streifen 2		
Streifen 3		
Streifen 4		
Streifen 5		
Streifen 6		
Streifen 7		
Streifen 8		
Streifen 9		
Streifen 10		
Streifen 11		

Stille Nacht, heilige Nacht

1. Stille Nacht, heilige Nacht!
Alles schläft, einsam wacht
nur das traute, hoch heilige Paar.
Holder Knabe im lockigen Haar,
schlaf' in himmlischer Ruh',
schlaf' in himmlischer Ruh'!

2. Stille Nacht, heilige Nacht!
Hirten erst kundgemacht,
durch der Engel Halleluja
tönt es laut von fern und nah:
Christ, der Retter ist da,
Christ, der Retter ist da!

3. Stille Nacht, heilige Nacht!
Gottes Sohn, oh wie lacht,
lieb aus deinem göttlichen Mund,
da uns schlägt die rettende Stund',
Christ, in deiner Geburt,
Christ, in deiner Geburt!

Worte: Joseph Mohr, 1818
Melodie: Franz Gruber, 1818

BVK LW 17 · Anja Gröting: Lernwerkstatt „Weihnachten in anderen Ländern"

Arbeitsblatt

14. Der Sternenmann

Michael aus Polen erzählt vom Weihnachtsabend:

„Wir verteilen am Weihnachtsabend in der ganzen Wohnung Heu.
Es erinnert an den Stall, in dem Jesus zur Welt kam.
Ich schmücke mit meiner Mutter den Weihnachtsbaum.
Wir hängen bunte Kugeln, Gebäck und selbstgemachte Papiergirlanden auf.
Zuletzt formen wir kleine Wattebällchen und heften sie an die Zweige.
Das sieht dann aus, als wäre der Baum mit Schnee bedeckt.
Die Weihnachtsfeier beginnt, wenn am Heiligabend der erste Stern am Himmel aufleuchtet.
Nach dem Festessen kommt der Sternenmann.
Er wird von den Drei Weisen begleitet.
Der Sternenmann stellt uns Fragen zur Bibel.
Später verteilt er die Geschenke.
Um 24.00 Uhr geht unsere ganze Familie zur Messe.
In der Kirche wünschen wir uns Wesolych Swiat Bozego Narodzenia (deutsch = Frohe Weihnachten)."

Arbeitsblatt

15. il presepio

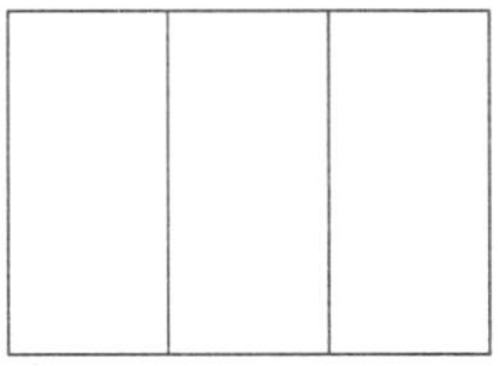

Bastelanleitung für eine Figur in unserer Krippe

1. Überlege, ob du einen Menschen oder ein Tier basteln möchtest.

2. Benutze 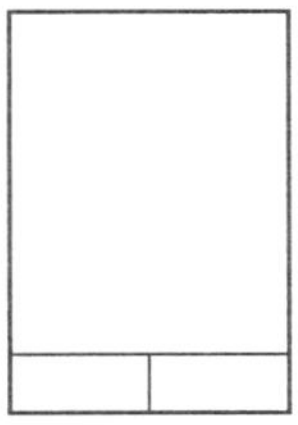 für einen Menschen

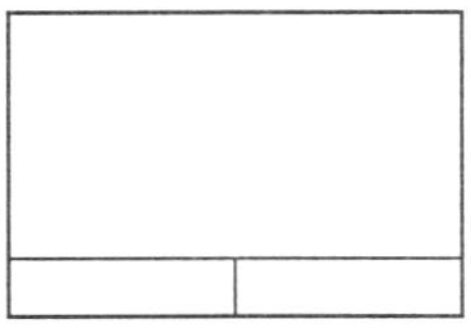 für ein Tier.

3. Male die Figur mit Bleistift vor.
   § Male nicht im unteren Bereich.
   (Das wird die Standfläche für deine Figur!)

4. Male die Figur aus.

5. Schneide sie aus.

6. Schneide die Standfläche ein.
   Knicke sie um.

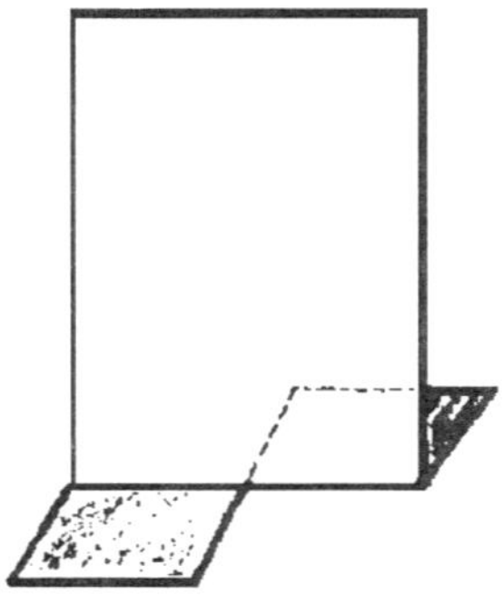

BVK LW 17 · Anja Gröting: Lernwerkstatt „Weihnachten in anderen Ländern"

Arbeitsblatt

15. il presepio

Plan zu 15. In unserer Krippe stehen schon diese Figuren:

Maria			
Josef			
Jesuskind			
Hirten			
Schafe			
Kamele			
Esel			
Ochsen			
Könige			

BVK LW 17 · Anja Gröting: Lernwerkstatt „Weihnachten in anderen Ländern"

Arbeitsblatt

16. Wir basteln eine Girlande

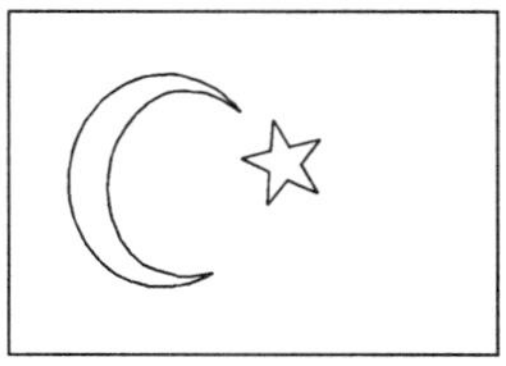

Bastelanleitung für eine Girlande

1. Miss einen Meter (1 m) von dem Band.

2. Schneide 1 m Band ab.

3. Miss immer zehn Zentimeter (10 cm) ab.
   Male alle 10 cm einen kleinen Punkt.

4. Nimm für jeden Punkt ein Bonbon aus der Tüte.

5. Hefte die Bonbons an die gemalten Punkte.

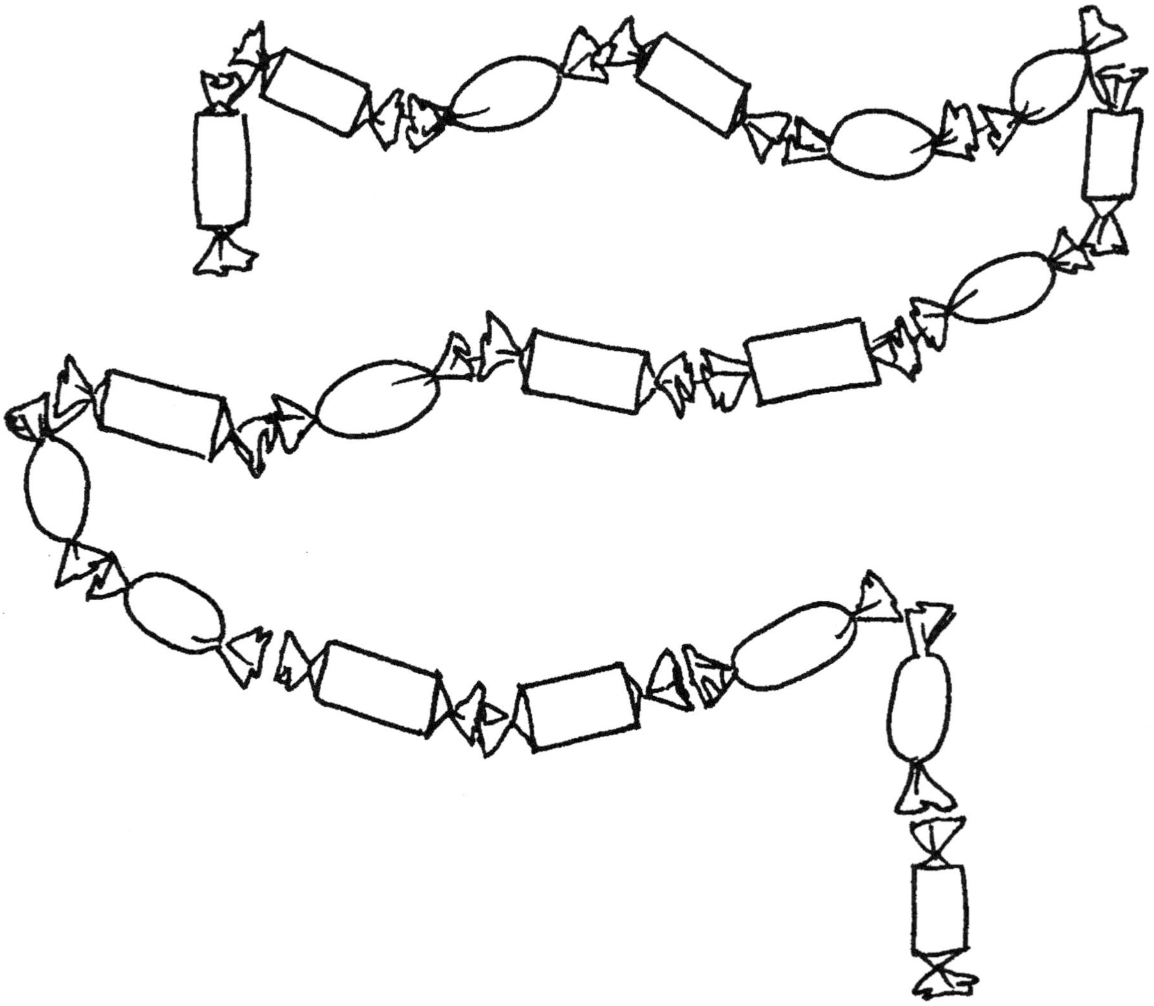

Arbeitsblatt

17. Wir basteln eine Weihnachtskarte

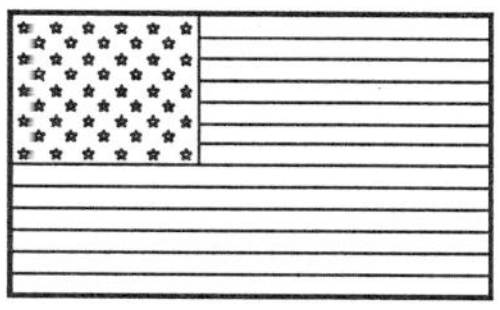

Weihnachten in den USA

In den USA beginnen wir am 1. Dezember, das Haus zu schmücken.
Am Haus und im Garten werden viele bunte Lichterketten angebracht.
Auch die Haustür wird schön geschmückt.

In der Wohnung wird der Tannenbaum aufgestellt.
Unter dem Baum bauen wir eine Eisenbahn auf.
Damit können die Kinder spielen bis der Baum abgebaut wird.

Wir verschicken viele Weihnachtskarten.
Merry Christmas (deutsch = Frohe Weihnachten) steht auf den Karten.

In Amerika gibt es Geschäfte, die nur Weihnachtskarten verkaufen!
Mit den Karten, die wir geschickt bekommen, schmücken wir die Wohnung.
Wir spannen ein langes Band quer durch das Zimmer und befestigen alle Karten daran.

Arbeitsblatt

17. Wir basteln eine Weihnachtskarte

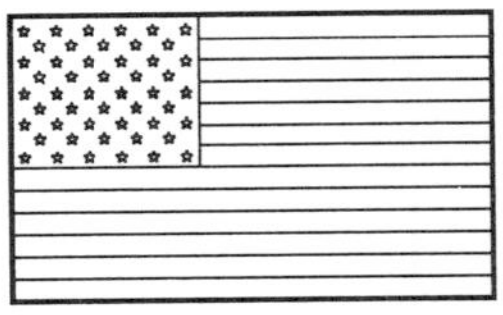

Bastelanleitung für eine Weihnachtskarte

1. Falte das Tonpapier zu einer Karte.

2. Überlege, welche Motive (Bilder) du aufkleben möchtest.
3. Male sie auf buntes Papier.
4. Schneide die Motive aus.

5. Klebe sie auf die Karte.
6. Schreibe einen Weihnachtsgruß in die Karte.

Frohe Weihnachten (deutsch)

Merry Christmas (amerikanisch)

Wesolych Swiat Bozego Narodzenia (polnisch)

Buon Natale (italienisch)

Arbeitsblatt

18. Wir basteln ein buntes Licht

Bastelanleitung für ein buntes Licht

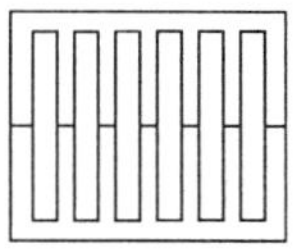

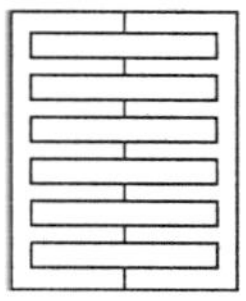

1. Nimm Tonpapier.
2. Male die Rechtecke. Die Schablone hilft dir.
3. Lege das Tonpapier quer. Falte es in der Mitte.
4. Schneide die Rechtecke aus.
   ! Lass das Tonpapier gefaltet, dann hast du es einfacher.
5. Falte das Tonpapier auseinander. Lege es längs.
6. Drehe es zu einer Rolle (Rolle A). Der Knick muss außen sein. Klebe fest.
7. Klebe das Transparentpapier zu einer Rolle (Rolle B).
   ! Drehe es um die Toilettenpapierrolle. Klebe mit Klebefilm.
8. Schiebe die Rolle A in die Rolle B.
9. Drücke das Tonpapier vorsichtig hinunter.
10. Hefte nun beide Rollen aneinander fest.

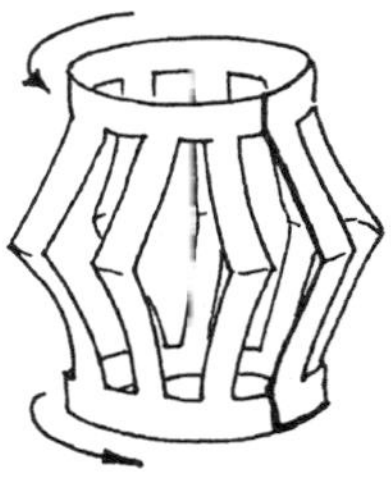

Schablone

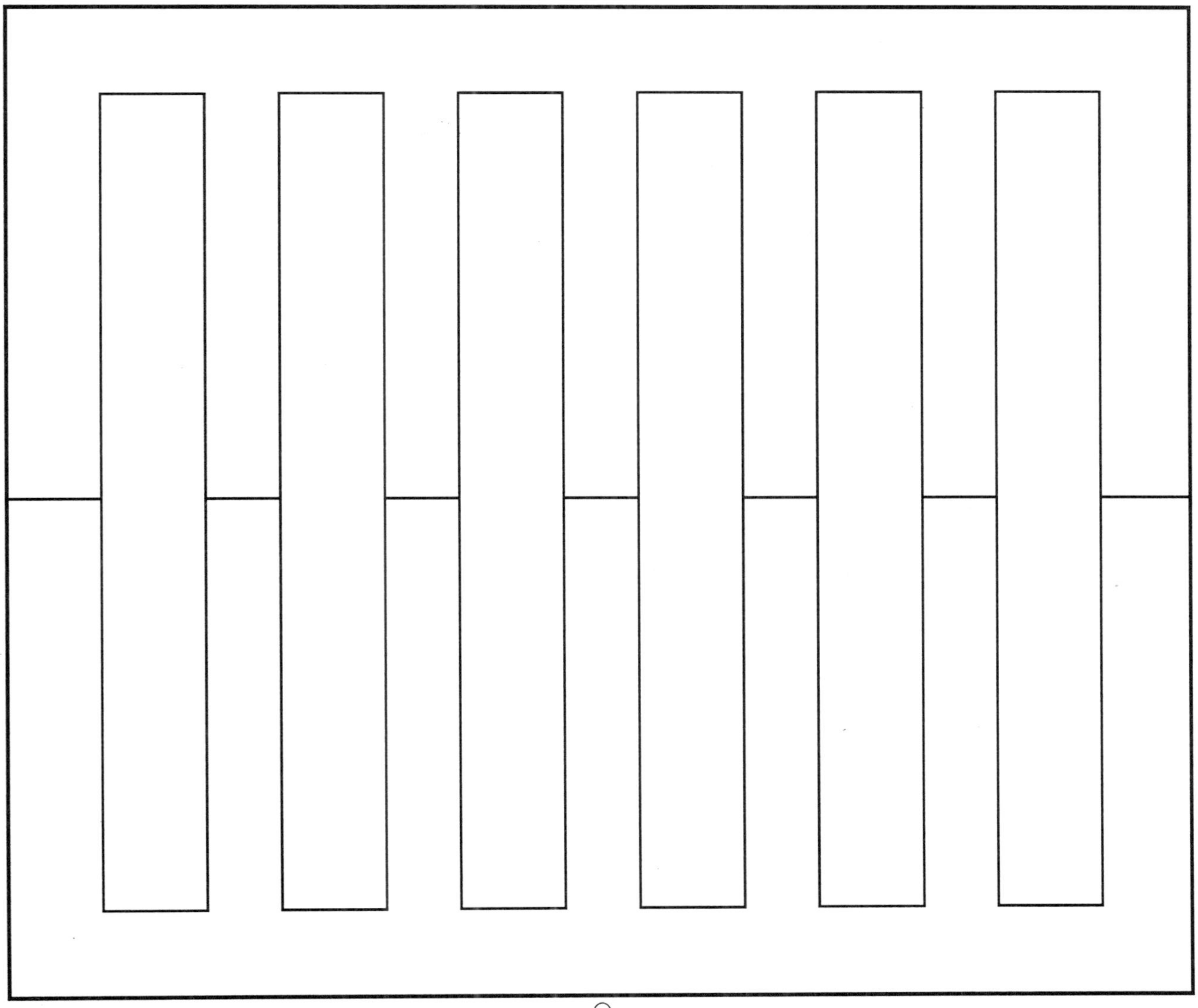

BVK LW 17 · Anja Gröting: Lernwerkstatt „Weihnachten in anderen Ländern"

Arbeitsblatt

19. Wir basteln russischen Tannenschmuck

Bastelanleitung für ein Väterchen Frost
oder eine Snegúrotschka

1. Nimm eine Toilettenpapierrolle.

2. Überlege, wen du basteln möchtest.
   Nimm Krepppapier in der passenden Farbe.

3. Drehe das Krepppapier um die Rolle.
   Klebe es so fest, dass an einer Seite etwas übersteht.
   ! Gucke dir das Beispiel an.

4. Binde mit einem Faden die Mütze.
   ! Lass genug Faden übrig um eine Schlaufe zu binden.

5. Schneide Arme aus Krepppapier.
   Klebe sie auf.

6. Schneide aus weißem Tonpapier ein Gesicht.
   Bemale es. Klebe das Gesicht auf.

7. Verziere deine Figur
   (Mantel mit Knöpfen; ein langer Bart; lockige Haare ...).

Arbeitsblatt

19. Wir basteln russischen Tannenschmuck

✸ Lies.

Das Märchen vom Schneemädchen

Es war einmal ein alter Mann und eine alte Frau.
Sie hatten keine Kinder und wünschten sich doch so sehr welche.

Eines Wintertages ging der Mann hinaus und formte aus Schnee ein wunderschönes Mädchen.
Er machte ihr Augen aus schwarzer Kohle, ein Näschen aus Schnee und einen Mund mit einer Kirsche.

Plötzlich wurden ihre Wangen ganz rosig, die Augen begannen zu funkeln und sie begann sich zu bewegen.
Das Mädchen wurde auf einmal ganz lebendig und munter.

Die Alten freuten sich sehr und nannten ihr Töchterchen Snegúrotschka (deutsch = Schneemädchen).

Den ganzen Winter über war Snegúrotschka fröhlich und spielte mit den anderen Kindern draußen im Schnee.
Als der Frühling kam, wurde sie scheu und versteckte sich an kühlen Orten. Die Kinder suchten sie und riefen: „Komm' doch her und spiele mit uns!" Aber Snegúrotschka wollte nicht.

Einmal gingen die Kinder in den Wald und baten die Eltern von Snegúrotschka sie mitgehen zu lassen. Diese willigten ein und sagten: „Sie soll ruhig auch ein wenig in die Sonne, das wird ihr gut tun."

Im Wald angekommen, entfachten die Kinder ein Feuer.
Alle sprangen darüber.
Auch Snegúrotschka sollte springen.

Sie sprang - und war für immer verschwunden.

Arbeitsblatt

20. Wir basteln la befana

la befana

Übersetzt heißt der Zungenbrecher:

La befana vien di notte	Die Befana kommt in der Nacht
con le scarpe tutte rotte,	mit den roten Schuhen,
con le toppe alla scottana,	mit geflickten Röcken,
vecchia, vecchia, la befana.	alte, alte Befana.

Arbeitsblatt

20. Wir basteln la befana

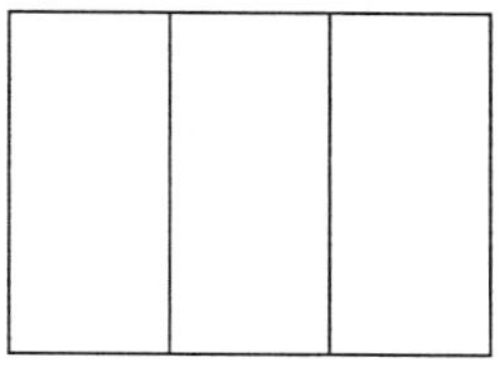

Bastelanleitung für la befana

1. Nimm Tonpapier in den richtigen Farben.

2. Nimm die Schablonen und male:
   - den Hut (zweimal)
   - Kopf (zweimal)
   - den Sack (zweimal)
   - die Schuhe (zweimal)
   - den Umhang (einmal)
   - den Besen (einmal)

3. Schneide alle Teile aus.

4. Falte den Umhang.

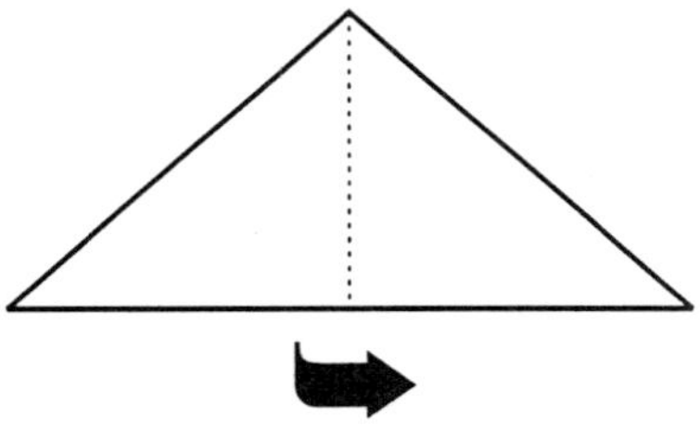

5. Klebe je einen Kopf an einen Hut.
   Klebe beides an den Umhang.

6. Klebe die Schuhe in den Umhang.

7. Klebe den Besen in den Umhang.

8. Klebe je einen Sack auf eine Seite des Umhangs.
   ! Deine Hexe soll von beiden Seiten gleich aussehen.

BVK LW 17 · Anja Gröting: Lernwerkstatt „Weihnachten in anderen Ländern"

Arbeitsblatt

20. Wir basteln la befana

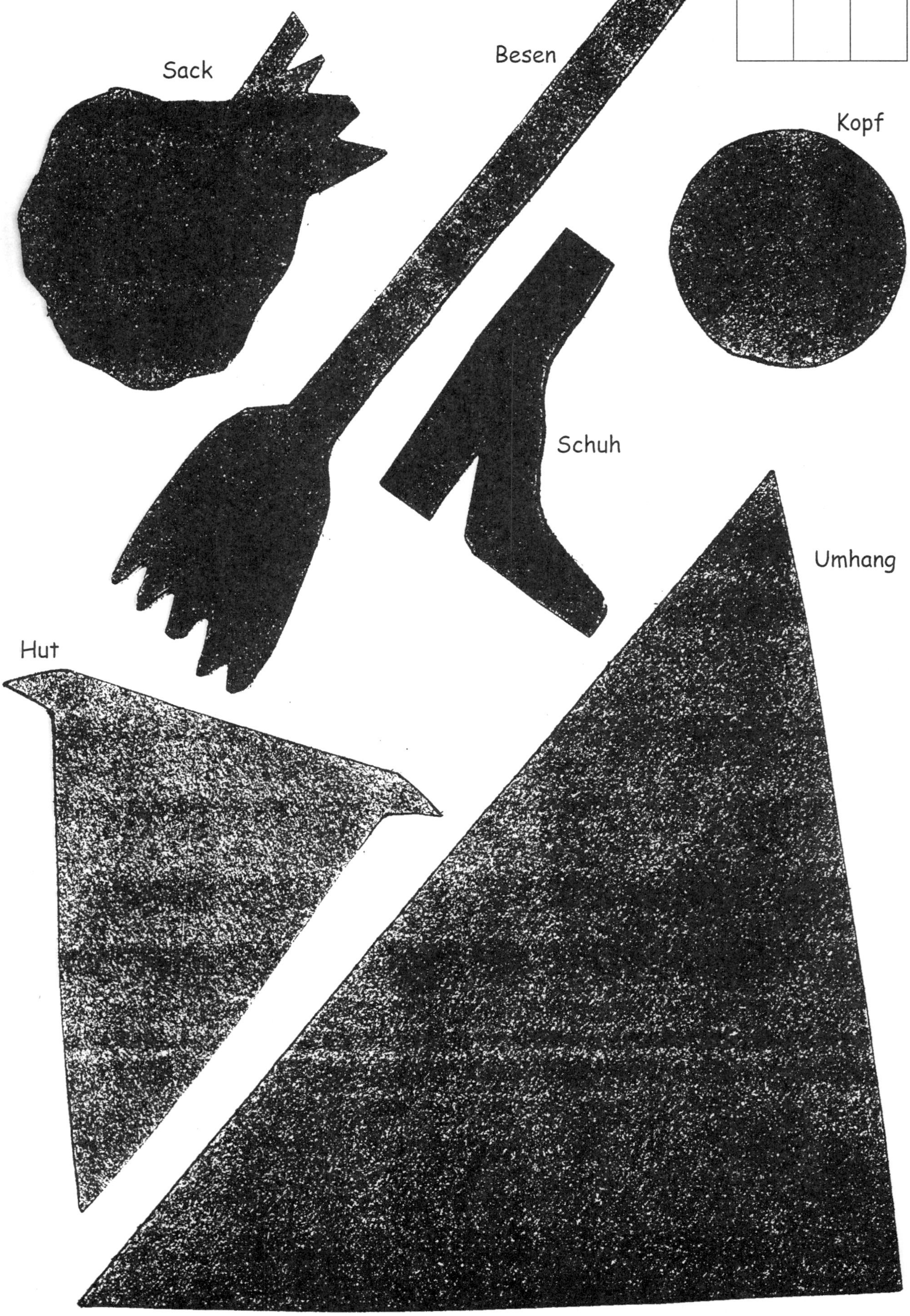

BVK LW 17 · Anja Gröting: Lernwerkstatt „Weihnachten in anderen Ländern"

Arbeitsblatt

20. Wir basteln la befana

Befana irrt durch die Nacht

Jedes Jahr erzählt die nonna (deutsch = Oma) Marco und Cinzia die Geschichte der Befana.

„Vor ganz, ganz langer Zeit saß die Befana in ihrem Haus am Webstuhl.
Da klopften die drei Weisen aus dem Morgenland an ihre Tür.
Sie baten die Befana mit ihnen zu kommen.
Sie wollten nach Bethlehem um das Jesuskind zu sehen.
Aber die Befana wollte erst ihren Stoff zu Ende weben.
Die Weisen gingen allein.
Als die Befana fertig war, lief sie den drei Weisen hinterher.
Aber sie fand den Weg nicht, so viel sie auch suchte.
Seitdem reitet die Befana auf ihrem Besen durch den Himmel.
Jedes Jahr am 6. Januar kommt sie an den Häusern vorbei, in denen Kinder wohnen.
Sie schlüpft durch den Kamin und legt den Kindern Geschenke in die Socken.
Bei manchen Kindern legt sie ein Stück Kohle dazu - das sind die Kinder, die etwas getan haben, was sie nicht dürfen."

Weltkarte

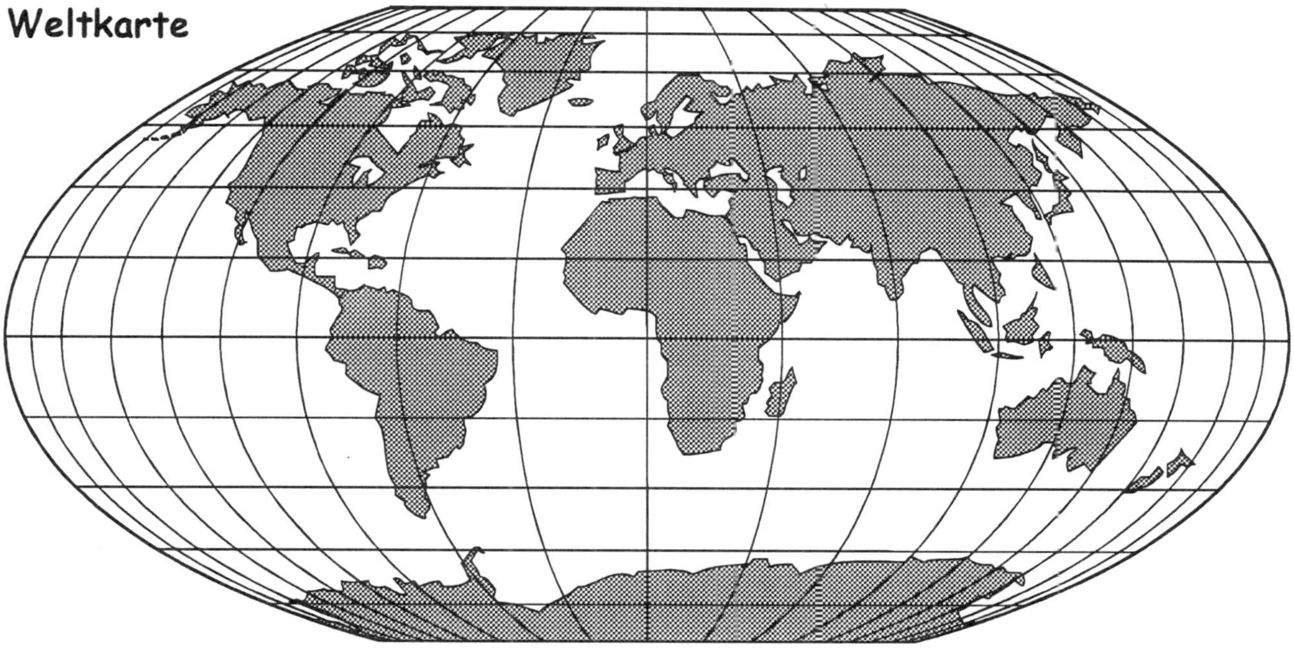

Europakarte

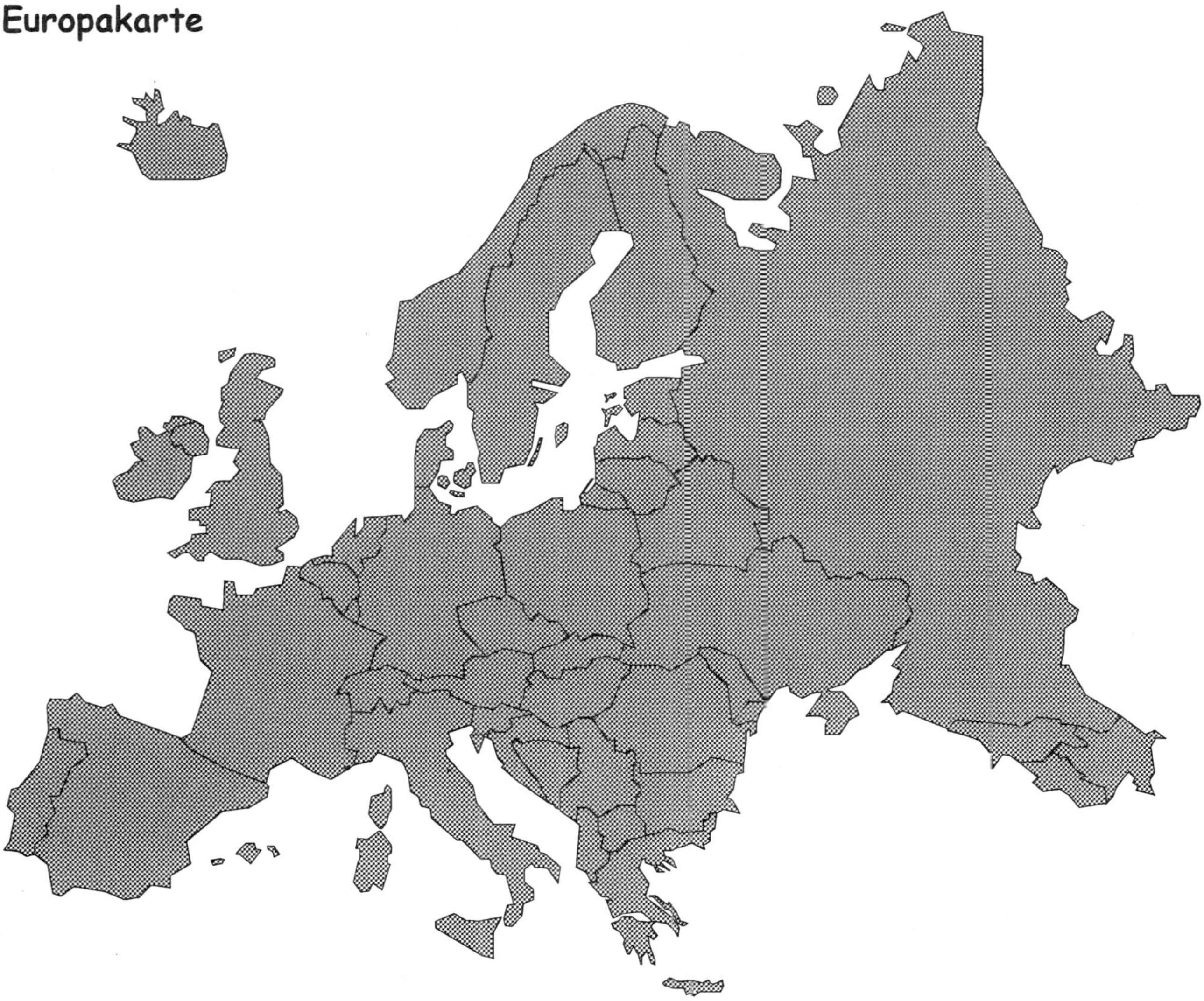

Nun schmücken wir den Weihnachtsbaum

Text und Musik: Siegfried Macht
aus: Gemeinsam durch das Kirchenjahr (Werkbuch + CD), Brunnen Verlag 1999
(c) beim Autor

A + B-Teil auch gleichzeitig (quasi Quodlibet)

2. Zur Krippe hat der Stern geführt
wir setzen ihn zum Lohne
ganz oben wo ihn jeder sieht
dem Christbaum in die Krone

3. Geschenke brachten für das Kind
die weitgereisten Gäste
wir hängen dafür Kugeln auf
ganz bunte in die Äste

4. Und da nun wieder offen steht
das Paradies für jeden
gibt es auch Äpfel in dem Baum
wie einst im Garten Eden

5. Mit Jesus kam ein Freudenstrahl
ein Licht in dunkle Zeiten
drum zünden wir die Kerzen an
man sieht sie schon von weitem

6. Gott hat sich zum Geschenk gemacht
das woll'n wir stets bedenken
wenn wir uns unterm Weihnachtsbaum
wie jedes Jahr beschenken

Wir wünschen ein frohes Weihnachtsfest

A Merry Christmas

Die gute Hexe

la befana

BVK LW 17 · Anja Gröting: Lernwerkstatt „Weihnachten in anderen Ländern"

Marias Schlaflied für das Jesuskind

Lulajže, Jezuniu

BVK LW 17 · Anja Gröting: Lernwerkstatt „Weihnachten in anderen Ländern"

Flaggen der Lernwerkstatt „Weihnachten in anderen Ländern"

Deutschland

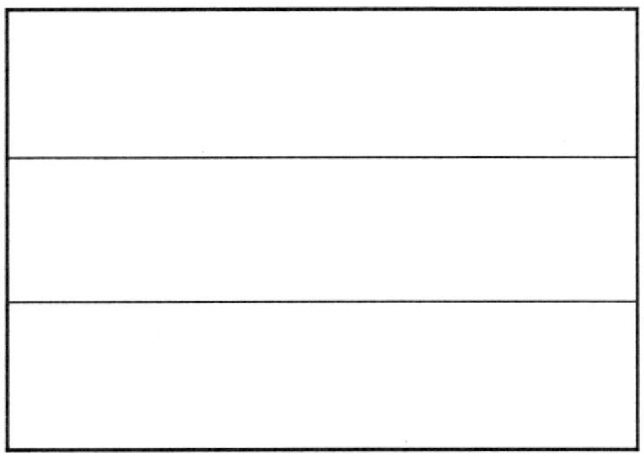

Farben von oben nach unten:
schwarz, rot, gold

Italien

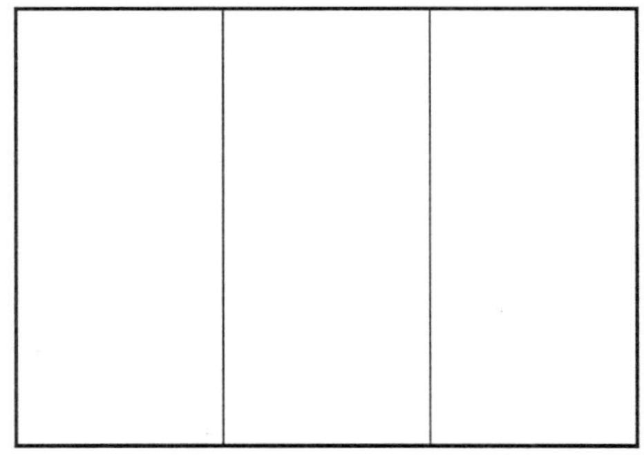

Farben von links nach rechts:
grün, weiß, rot

Polen

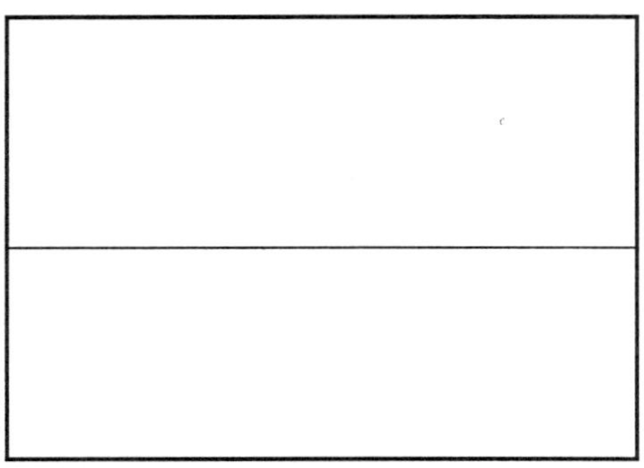

Farben von oben nach unten:
weiß, rot

Türkei

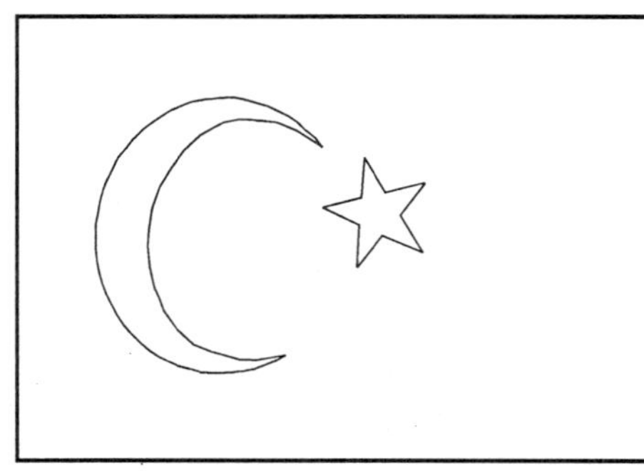

Farben: weißer Halbmond und Stern auf rotem Grund

Russland

Farben von oben nach unten:
weiß, blau, rot

USA (United States of America)

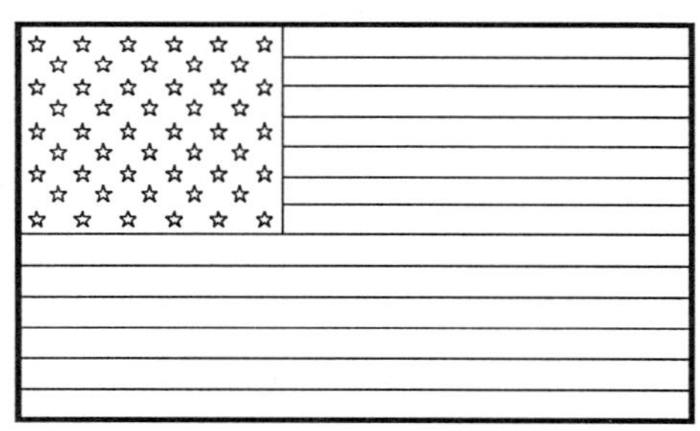

Farben von oben nach unten:
rot und weiße Streifen
weiße Sterne auf blauem Grund

BVK LW 17 · Anja Gröting: Lernwerkstatt „Weihnachten in anderen Ländern"